왜 콜럼버스는 신항로를 개척했을까?

교과서 속 역사 이야기, 법정에 서다

28
역사공화국
세계사법정

아나카오나 vs 콜럼버스

왜 콜럼버스는 신항로를 개척했을까?

글 손세호 · 그림 조환철

㈜자음과모음

우리가 알고 있는 역사적 사실은 어디에서 어디까지가 진실일까
요? 왜 한때는 모든 사람이 역사적 사실이라고 알고 있던 것들이 시
간이 흐르면서 사실이 아니라고 주장하거나 또 사실이 아닌 것으로
밝혀지곤 하는 것일까요? 그것은 인간의 능력으로는 과거에 있었던
사실을 있는 그대로 밝혀낼 수 없기 때문이랍니다. 그렇기에 모든
역사책에는 역사가의 해석을 거친 역사적 사실만이 기록되어 있는
것이지요. 따라서 시간이 흐름에 따라 역사적 사실은 늘 새롭게 조
명되고 그에 따라 새로운 해석도 나오는 것이랍니다.

여러분이 이 책에서 읽게 될 콜럼버스의 신대륙 발견에 관한 이
야기도 마찬가지랍니다. 예전에는 콜럼버스 시대의 사람들이 편평
하다고 믿고 있던 지구를 콜럼버스는 둥글다는 확신을 갖고 인도나
중국으로 가는 새로운 항로를 개척하고자 했던 선각자로 평가받았
지요. 하지만 당시에도 많은 사람이 지구가 둥글다는 사실을 콜럼버
스만큼이나 잘 알고 있었답니다. 그리고 지금은 모든 사람이 콜럼버
스가 우연히 신대륙을 발견한 위대한 항해자라는 것은 잘 알고 있지
만, 정작 콜럼버스는 자신이 네 번씩이나 다녀온 곳을 끝까지 인도
라고 믿으며 죽었다는 사실은 잘 안 알려져 있지요.

이제까지 대부분의 역사책에서는 콜럼버스에 대해 서술할 때, 그가 신대륙 아메리카를 발견했고 그 결과 유럽인이 아메리카 대륙을 정복하고 식민지로 만든 과정에 주로 초점을 맞추었다고 할 수 있습니다. 하지만 그 때문에 신세계인 아메리카와 구세계인 유럽이 서로 어떤 영향을 주고받았는가에 대해서는 그다지 자세히 설명해 주지 않았던 것 또한 사실입니다. 특히 콜럼버스의 신대륙 발견으로 인해 아메리카 원주민의 삶이 어떻게 바뀌었는지에 대해서는 많은 사람이 잘 모른다고 할 수 있습니다.

이 책에서는 이런 문제에 초점을 맞추어 콜럼버스가 대서양 서쪽으로의 항해에 나선 동기부터 시작해 콜럼버스가 과연 위대한 신대륙의 발견자로서 숭배되어야 할 인물인가에 대해 살펴보고자 합니다. 모쪼록 독자 여러분이 콜럼버스를 둘러싼 가상의 법정 공방을 통해 역사에 대한 이해의 폭을 넓히고 역사적 인물에 대한 냉철한 판단력을 키우는 계기가 될 수 있기를 바랍니다.

손세호

재판 첫째 날 콜럼버스는 왜 인도로 가려고 했을까?

13세기 후반 이후 마르코 폴로의 『동방견문록』은 동양에 대한 유럽 사람들의 호기심을 자극하면서 향신료와 비단 등 동방의 산물에 대한 유럽 사람들의 수요가 증대되었다. 그러나 오스만 제국이 지중해를 장악하면서 동방과의 무역은 어려워졌고 유럽에서 향신료는 비싼 값에 거래되었다.

중학교 　　역사

IX. 교류의 확대와 전통 사회의 발전
　　4. 유럽 세계의 성장
　　　(2) 신항로 개척

신항로 개척에 앞장선 나라는 포르투갈과 에스파냐였다. 두 나라는 대서양 연안에 위치하여 지중해 무역의 혜택을 받지 못하였으므로 탐험과 원양 항해를 적극적으로 지원하였다. 에스파냐의 지원을 받은 콜럼버스는 인도에 가기 위하여 서쪽으로 항해하다가 오늘날의 서인도 제도에 도달하였다.

에스파냐는 16세기 후반 신대륙과 지중해, 네덜란드를 포함한 거대한 식민의 제국을 건설하였다.

고등학교	세계사	VI. 유럽 근대 사회의 성장과 확대 　3. 유럽 세계의 확대와 아메리카, 아프리카 세계 　　(1) 유럽 세계의 확대

원주민의 강제 노동으로 채굴된 금과 은은 에스파냐를 부유하게 하였고, 유럽 여러 나라에도 영향을 주어 가격 혁명과 상업 혁명을 일으켰다.

1405년	정화의 남해 원정
1414년	콘스탄츠 종교회의
1421년	명, 베이징 천도
1428년	안남에 대월국 수립
1445년	구텐베르크, 활판 인쇄술 발명
1449년	토목의 변
1453년	동로마 제국 멸망
1479년	에스파냐 왕국 성립
1492년	콜럼버스, 아메리카 항로 발견
1501년	이란, 사파비 왕조 성립
1517년	루터, 95개조 반박문 발표
1520년	투르크, 술레이만 1세 즉위
1534년	영국의 종교 개혁(수장령)
1541년	칼뱅의 종교 개혁

아나카오나(1464년~1504년경)

타이노족 여성 추장 아나카오나라고 하오. 나는 콜럼
버스가 우리가 살고 있던 평화로운 섬에 도착했을 때
그를 따뜻하게 맞이해 주었소. 하지만 이후 콜럼버스
를 비롯한 에스파냐 사람들은 우리 원주민을 약탈하
고 노예화했으며 학살하기까지 했지요. 나 역시 에스
파냐 사람들에 대항해 반란을 모의한다는 이유로 그
들에게 억울한 죽임을 당하고 말았다오.

김딴지

나는 역사상 억울한 평가를 받고 있는 인물의 대변자
이자 법정에서 딴죽 걸기의 명수로 알려진 김딴지 변
호사입니다. 학창 시절부터 역사를 좋아했기에 수많
은 역사책을 읽었고, 이를 바탕으로 역사적으로 잘못
된 사실이나 과소평가된 사실을 바로잡는 데 온 힘을
기울이고 있답니다.

나는 에스파냐 출신의 가톨릭교 신부이자 역사가이며 사회 개혁가이기도 한 바르톨로메 데 라스카사스 신부입니다. 한때 도미니크 수도회 수사였고, 오늘날 멕시코의 치아파스 주교를 지냈습니다. 인디언의 인권을 보호하는 데 앞장섰지요.

나는 과거 태양의 제국이라고 불리던 아즈텍 제국의 황제 몬테수마라고 하오. 오늘날 멕시코시티 자리에 있던 호수의 섬에 둑을 쌓아 당대 세계 최대 도시의 하나인 테노치티틀란을 건설한 위대한 황제였소. 하지만 에스파냐의 정복자 에르난 코르테스의 계략에 넘어가 억울한 죽임을 당했고, 이후 저세상에서 내 제국이 힘없이 무너지는 모습을 지켜보아야 했다오.

나는 대학에서 학생들에게 역사를 가르치며 동시에 역사 연구에 몰두해 수많은 저서를 펴낸 나역사 교수입니다. 요즘 우리나라에서도 역사 교과서 왜곡 문제로 말이 많은데, 이번 재판을 통해 콜럼버스가 과연 신대륙 최초의 발견자인가에 대해 자세히 알려 드리겠습니다.

피고 콜럼버스(1451년 추정~1506년)

나는 이탈리아 제노아 출신의 지도 제작자이자 탐험 가이며 위대한 항해자인 크리스토퍼 콜럼버스라고 하오. 내 비록 목적한 대로 인도나 중국에 가지는 못했지만, 대서양 서쪽으로의 항해를 성공시킴으로써 신대륙을 발견하는 데 결정적인 기여를 한 인물이오. 당시 그 누구도 감히 시도하려고 하지 않았던 일을 성공시켜 인류에게 세상의 지평을 넓혀 준 나에게 얼 토당토않은 죄목을 붙이다니 억울하오.

피고 측 변호사 이대로

역사공화국에서 진정한 역사를 수호하고자 나선 이 대로 변호사입니다. 최근 오랫동안 확립되어 온 역사 적 사실을 뒤집어엎으려는 불순한 세력에 맞서 '역사 지킴이' 역할을 하고 있는 것에 커다란 자부심을 느 낀답니다.

피고 측 증인 이사벨라 여왕

나는 내 남편인 아라곤 왕국의 페르디난도 왕과 힘을 합쳐 우리를 지배해 온 무어인을 몰아내고 에스파냐를 통일한 카스티야의 이사벨라 여왕이라오. 당시 수많은 학자가 무모한 일이라고 했던 콜럼버스의 대서양 서쪽 항해를 지원함으로써 이후 에스파냐가 유럽 최강대국이 될 수 있는 길을 열었지요.

피고 측 증인 코르테스

멕시코의 아즈텍 제국을 정복한 위대한 에르난 코르테스라고 하오. 우리 에스파냐인들은 콜럼버스의 신대륙 발견에 힘입어 원시적인 생활을 면치 못하고 있던 인디언에게 기독교를 비롯한 선진 문명을 전파해 주었소. 이런 점에서 나를 '우월한 문명과 새로운 산물의 전파자'라고 불러 주었으면 좋겠소.

판사 정역사

나는 이름 그대로 올바른 역사를 위해 애쓰는 정역사 판사입니다. 역사가 단지 승자의 기록이었다는 점을 염두에 두고 이 재판에서는 원고와 피고 모두를 공명정대하게 그 공과를 밝혀 역사의 심판이 얼마나 엄중한지를 제대로 보여 주겠습니다.

"콜럼버스가 신대륙의 발견자가 아니라
정복자였다고요?"

김딴지 변호사는 모처럼 휴가를 내서 그동안 역사공화국 법정 다툼으로 복잡해진 머리도 식힐 겸 미국 여행을 하기로 했다. 인천공항을 떠나 샌프란시스코 공항에 도착해 미국 땅에 처음 발을 디딘 김딴지 변호사는 먼저 막내딸이 교수로 있는 오하이오주 콜럼버스에 있는 오하이오 주립대학에 들러 딸을 만났다. 그런 다음 뉴욕시를 거쳐 기차를 타고 미국의 수도 워싱턴 D.C.에 있는 유니언 스테이션에 막 도착했다.

"우아! 미국 땅이 넓다고 하더니 정말 넓구먼. 딸을 만나느라 오하이오주에 들르긴 했지만, 샌프란시스코에서 곧바로 비행기를 타고 수도 워싱턴까지 오는 데만도 네 시간이 걸린다니 말이야. 하긴 미국의 서쪽에 있는 태평양 연안에서 동쪽에 있는 대서양 연안까지 거리가 거의 5000킬로미터나 된다지 아마?"

김딴지 변호사는 미국의 광활함에 감탄을 연발하며 미국 여행을 하려면 꼭 들러 보아야 한다는 연방 의회 의사당, 백악관, 연방 대법원 등의 각종 국가 기구 건물과 스미스소니언 박물관, 역사박물관, 국립 문서 보관소, 그뿐 아니라 각종 기념관과 박물관이 즐비한 내셔널 몰을 여행할 생각에 가슴이 벅차올라 유니언 스테이션에 도착한 기차에서 서둘러 빠져나왔다.

우선 어디를 보아야 할까 하고 잠시 생각에 잠긴 김딴지 변호사 눈에 가장 먼저 띈 것은 역 앞의 조그만 광장에 세워져 있는 돌로 된 기념물이었다.

"아니, 건국한 지 220년 정도밖에 안 된 나라에 웬 기념물이 이리 많단 말이람? 설마 이것도 콜럼버스와 관련된 기념물은 아니겠지?"

김딴지 변호사는 자신이 미국 땅에 내려 처음 관광한 샌프란시스코에서 본 것이 시내가 한눈에 내려다보이는 언덕에 태평양을 향해 서 있던 콜럼버스 동상이었고, 딸을 만나기 위해 들렀던 도시도 콜럼버스였다는 걸 떠올렸다. 심지어 뉴욕의 명소인 센트럴 파크에서도 콜럼버스 동상을 보았던 터라 김딴지 변호사는 왜 이 나라에는 콜럼버스와 관련된 것이 그리도 많을까라고 의아해하던 참이었다.

설마 이번에는 아니겠지 하고 유니언 스테이션 앞에 있는 기념물로 가서 요모조모 살펴보던 김딴지 변호사는 입을 다물지 못했다.

"헉! 이건 또 뭐야? 이번에도 역시 콜럼버스상일세. 하지만 이 기념물은 지금까지 본 것들과는 조금 다른데?"

내셔널 몰
미국 워싱턴 D.C. 한복판에 있는 공원으로 워싱턴 D.C.의 명소들이 한데 어우러져 있답니다.

워싱턴 D.C. 유니언 스테이션 앞의 콜럼버스 기념물.

김딴지 변호사는 이 기념물의 정면 중앙에 콜럼버스의 조각상이 있고 그 뒤 탑 형태로 된 기단 위에는 네 마리 독수리가 받치고 있는 둥근 공 모양의 조각상을 보면서 그것이 당연히 지구를 형상화한 것이라고 생각했다. 그건 그렇다고 쳐도 탑을 중심으로 오른쪽과 왼쪽 양옆에 탑을 등지고 있는 사람 모습의 조각상은 또 무엇을 의미하는지 궁금해 하면서도 볼거리가 많은 워싱턴에서 고작 역 앞에 있는 기념물에 무슨 의미를 둘 필요가 있을까라고 생각했다. 그리고 이미 날이 어둑해졌기 때문에 일단 예약해 놓은 호텔을 찾아 발길을 옮기려던 찰나였다.

"여보세요, 김 변호사님!"

"어라! 이 낯선 미국 땅에서 누가 나를 부르지?"

김딴지 변호사는 뒤를 돌아보았으나, 방금 전에 본 기념물 이외에는 아무도 없었다. 그는 자신이 아직 시차 적응이 안 되어 피곤한 탓에 잘못 들었나 보다 하고 다시 발길을 옮겼다.

"김 변호사님! 여기 잠깐만요."

김 변호사는 뒤를 돌아보면서 외쳤다.

"누구시오? 누군데 기념물 뒤에 숨어 나를 부른단 말이오?"

그러자 아까 기념물 중에 왼쪽에 웅크린 것처럼 앉아 있던 석상이

왜 콜럼버스는 신항로를 개척했을까?

벌떡 일어나 김딴지 변호사에게 다가오는 것이었다.

"악! 누, 누구세요?"

"김딴지 변호사님! 너무 놀라지 마세요. 나는 타이노족의 추장 아나카오나라고 합니다."

김딴지 변호사는 그제야 자신이 사람들의 영혼이 모여 사는 역사공화국에서 변호사로 일하고 있다는 사실을 깨닫고 정신을 가다듬었다.

"아하, 죄송합니다. 아나카오나 추장님. 제가 잠시 휴가를 내서 미국 여행을 하다 보니까 역사공화국 변호사라는 것을 깜빡 잊고 놀라고 말았습니다. 헤헤! 그런데 무슨 일로 저를 부르셨나요?"

"김 변호사님도 미국에 와서 보셨다시피 저기 기념물 앞에 망토를 걸치고 있는 콜럼버스란 자가 오늘날 마치 아메리카 대륙의 발견자인 양 수많은 미국인에게 칭송을 받고 그러는 것이 너무 꼴사나워서 그런답니다."

"아니! 그럼 콜럼버스가 신대륙 아메리카의 발견자가 아니란 말입니까? 저는 전 세계의 역사 교과서에 그렇게 적혀 있는 걸로 알고 있는데요."

"나 참! 김 변호사님은 하나만 알고 둘은 모르는군요. 내가 알기론 김 변호사님이 역사에 관심이 많다고 들었는데요."

김 변호사는 이 자그마한 체구에 가무잡잡한 피부를 지닌 인디언 여성이 자신의 역사 실력을 들먹이며 핀잔을 주자 속으로 자존심이 상했지만 직업이 직업인지라 자초지종을 물어보기로 했다.

히틀러
독일 나치당의 당수로 유대인을 대량 학살한 사람입니다.

스탈린
러시아의 독재자로 권력을 유지하기 위해 많은 사람들을 학살했습니다.

학살
살아 있는 생물을 가혹하게 마구 죽이는 것을 말합니다.

"그렇다면 아나카오나 추장님은 콜럼버스에 대해 뭐가 그리 불만이십니까?"

"그자가 우리에게 한 짓을 말하자면 밤을 새워 이야기해도 모자라고, 수천 쪽의 글로 써도 부족하지요. 하지만 간단하게 정리하면 그자는 우선 아메리카 대륙의 발견자도 아닐뿐더러 오히려 도둑놈이자 노예 무역 상인이고, 나아가 살인자라고 할 수 있지요. 살인도 한두 명의 사람을 죽인 것이 아니라 히틀러나 스탈린처럼 인종 대량 학살을 저지른 장본인이라고 할 수 있어요."

"아니! 콜럼버스가 황금을 찾아 대서양 서쪽으로 항해를 했다는 것은 익히 알고 있지만, 인종 대량 학살을 저지른 살인자라고요?"

"잠깐!"

그때 아나카오나 추장의 답변을 기다리는 김 변호사 뒤쪽에서 굵직하면서도 쉰 듯한 남자 목소리가 들려왔다. 어디서 들려오는 소리인가 싶어 돌아보니 기념물 중앙에 서 있던 콜럼버스가 망토를 휘날리며 뚜벅뚜벅 앞으로 걸어 나오고 있었다.

"내가 뒤에서 두 사람이 나누는 대화를 듣다 보니 도저히 참을 수가 없어서 이렇게 나서게 되었소."

"아니? 참을 수가 없다니요? 당신이 에스파냐인들을 이끌고 평화롭게 살고 있는 우리 섬에 처음 왔을 때, 우리는 당신 일행을 따뜻하게 맞이하고 먹을 것을 주어 가며 살려 주었는데 당신들은 어떻게 했나요? 황금에 눈이 어두워 우리를 노예로 부리고, 나아가 전염병

까지 옮겨 우리 대부분을 죽게 만들지 않았던가요?"

"결과적으로 일이 그렇게 되어 많은 인디언이 죽게 된 것은 사실 이지만, 그걸 어찌 모두 내 탓으로 돌린단 말이오?"

"흥! 저것 보세요. 저 사람은 아직도 우리를 인디언이라고 부르잖 아요. 아니, 우리가 어떻게 인디언인가요? 인디언은 인도 사람을 말하는 것 아닌가요? 우리는 엄연히 당신네들이 우리 땅에 오기 전부터 적어도 2만 5000년에서 1만 년 전부터 이 땅에서 살았던 원주민이란 말입니다."

"에헴! 그건 나도 죽은 뒤에야 알게 된 일이라오. 하지만 나는 당시에 유럽인들이 꿈도 꾸지 못했던 대서양 서쪽으로의 항해에 나서 신대륙을 발견한 위대한 발견자란 말이오. 그러니 지금도 전 세계적으로 590개가 넘는 내 동상이나 기념물이 세워져 있고, 김 변호사도 보았다시피 미국에만 해도 전국에 158개나 있다오."

"그건 역사가 철저하게 당신네들, 즉 서구 중심뿐 아니라 승자 중심으로 기록되어 왔기 때문이지요. 더군다나 당신은 죽을 때까지 스스로 인도에 다녀왔다고 생각했지 아메리카 대륙이 새로운 대륙이라는 것도 몰랐잖아요. 그런데도 신대륙의 발견자라니. 사기꾼에다 살인마 주제에…… 나 참! 기가 막혀서."

"아니! 뭐, 뭐라고? 사기꾼에 살인마?"

콜럼버스는 화가 치밀어 올라 금방이라도 가녀린 아나카오나 추장에게 달려들어 한 대 쥐어박을 기세였다.

"도둑이 제 발 저린다고 하더니. 김 변호사님, 저것 보세요! 콜럼버스가 전에도 그랬듯이 지금도 나를 잡아 죽일 기세네요. 그런다고 이미 한 번 죽은 몸, 영혼의 세계에서 또 죽을 건 아니기에 저 양반이 사기꾼에 살인마가 아닌지 세계사법정에서 가려보고 싶네요."

아나카오나 추장의 제안에 다급해진 김딴지 변호사는 두 사람을 말리며 대답했다.

왜 콜럼버스는 신항로를 개척했을까?

"자, 자! 이러다 정말 영혼마저 연기처럼 사라지는 건 아닌지 모르겠습니다. 콜럼버스 씨! 아나카오나 추장이 당신을 희대의 사기꾼이자 살인마라고 고소했습니다. 이제 별수 없이 세계사법정에서 시비를 가려야겠습니다."

"좋소! 법정에서 봅시다. 내 꼭 저 일개 인디언 여자 추장의 말이 거짓이라는 것을 밝히고 말겠소."

김딴지 변호사는 미국까지 와서 또 법정에 서게 된 것이 귀찮기는 했지만, 마침 재판이 열리기로 한 곳이 변호사로서 꼭 들러 보고 싶었던 미국 연방 대법원 대법정이라 꾹 참고 변론에 임하기로 마음먹었다.

유럽의 팽창, 대항해 시대

15세기, 르네상스를 시작으로 유럽 사람들은 모든 부분에서 활발하게 움직이기 시작합니다. 많은 예술품을 만들어 내고, 발명품을 쏟아 내며 과학을 발전시키죠. 또한 새로운 항로, 새로운 땅을 찾아 나서며 유럽은 서서히 팽창해 나갈 준비를 합니다.

그렇다면 왜 유럽 사람들은 새로운 땅을 찾기 위해 노력했을까요? 사실 당시 모든 유럽 사람이 새로운 땅을 찾기 위해 노력했던 것은 아닙니다. 이탈리아를 비롯한 영국이나 프랑스 같은 나라들은 중국과 인도와의 동방 무역을 통해 돈을 쏠쏠히 벌 수 있었죠. 하지만 유럽의 서쪽 끝자락인 이베리아반도에 있는 에스파냐와 포르투갈은 달랐습니다. 동방 무역의 이익을 볼 수 없었던 두 나라는 열정적으로 미지의 땅인 인도를 찾아 나서게 되었지요.

에스파냐와 포르투갈은 새로운 항로를 개척하기 위하여 열심히 노력했습니다. 다른 누구보다 먼저 이 일의 중요성을 깨닫고 직접 나서서 노력한 사람은 포르투갈의 '엔리케 왕자'였습니다. 엔리케 왕자는 유능한 선원뿐 아니라 배를 만들 수 있는 기술자, 별을 보는 천문학자, 지도를 그릴 수 있는 지리학자까지 많은 전문가를 이끌고 아프리카를 따라 동쪽 방향으로 나아가 인도에 도착할 수 있는 항로를 개척하고자 하였습니다. 엔리케 왕자의 후원을 받은 탐험대는 1487년에는 바르톨로메우 디아스가 아프리카 대륙 최남단인 희망봉을 발견하는 데 성공하였고, 1498년에는 바스쿠 다 가마가 아프리카를 우회하

콜럼버스의 아메리카 대륙 상륙 모습

여 진짜 '인도'를 발견하는 커다란 성과를 거두었습니다.

이렇듯 승승장구하는 포르투갈을 보고 다급해진 에스파냐는 콜럼버스의 의견을 받아들여 동쪽으로 진출하던 포르투갈과는 달리 서쪽 방향으로 가서 포르투갈보다 더 빨리 인도를 찾고자 노력했습니다. 넓디넓은 태평양 한가운데 아메리카 대륙이 존재하는지도 모르고 말이죠. 비록 우연히 발견한 것이기는 하지만 콜럼버스는 인도 대신 아메리카 대륙을 발견하였고, 아메리카 대륙의 많은 부분이 에스파냐의 소유가 되었습니다. 에스파냐는 원주민들을 노예처럼 부리고 많은 금을 약탈하여 16세기 유럽에서 최강국의 지위를 누리게 되었지요.

이렇듯 유럽 사람들이 세계 곳곳을 누비고 다니면서 '진정한 의미의 세계사'가 시작된 것이라 볼 수도 있지만, 동시에 아프리카와 아메리카, 그리고 동남아시아 등지에 살던 원주민들은 유럽 사람들의 약탈과 지배 속에서 힘든 삶을 살아야 했습니다.

원고 | 아나카오나	대리인 | 김딴지 변호사
피고 | 콜럼버스	대리인 | 이대로 변호사

청구 내용

오늘날 전 세계의 거의 모든 사람이 1492년 콜럼버스가 대서양을 건너 서쪽으로 항해를 하여 최초로 신대륙 아메리카를 탐험 또는 발견했다고 해서 그를 '위대한 발견자'로 추앙을 하고 있습니다. 게다가 수많은 위인전과 전기를 통해 이런 허위 사실이 계속 유포되고 있습니다. 특히 미국에서는 이를 기리기 위해 매년 10월 두 번째 월요일을 '콜럼버스의 날'이라고 하여 국경일로 정하고 퍼레이드와 축제 등을 벌이며 기념하고 있을 정도입니다.

하지만 과연 콜럼버스가 오늘날까지도 이렇게 많은 사람으로부터 추앙을 받을 정도로 위대한 인물일까요? 사실 그는 죽을 때까지도 자신이 네 번이나 다녀온 곳이 신대륙이라는 사실을 몰랐으며, 단지 그곳이 인도라는 허위 사실을 입증하기 위해 헛된 노력을 한 인물에 불과합니다. 토착 아메리카 사람인 나에게 콜럼버스는 신대륙의 발견자도 아닐 뿐 아니라, 오히려 그를 따뜻하게 맞이해 주었던 우리 동족이 가진 것을 약탈하고 우리를 노예로 팔아 버렸으며, 나아가 무시무시한 전염병을 옮겨 우리 동족을 거의 멸절시키다시피 한 그야말로 잔인무도하기 이를 데 없는 인물일 뿐입니다.

그럼에도 콜럼버스는 일말의 양심도 없이 자신이 사기를 쳐서 획득한 '신대륙의 발견자'라는 칭호를 당연한 듯이 받아들이고, 자신의 후예들이 저지른 만행에 대해 반성을 하기는커녕 이 역사공화국에 와서도 자신을 기리는 각종 동상과 기념물 그리고 기념행사를 흐뭇한 표정으로 바라보는 모습이 너무도 역겨울 따름입니다.

이에 나 아나카오나는 토착 아메리카인을 대표해서 이제까지 왜곡되어 온 콜럼버스의 신대륙 발견과 그 결과에 대한 역사적 진실을 샅샅이 밝혀내 콜럼버스와 관련된 모든 기념물을 철거하고 기념행사를 폐지해 구천을 떠돌고 있는 우리 동족의 혼령을 위로하고자 합니다.

입증 자료

- 중학교 역사 교과서
- 고등학교 세계사 교과서
  그 외 자료 추후 제출하겠음.

위 청구인 아나카오나
역사공화국 세계사법정 귀중

콜럼버스는 왜 인도로 가려고 했을까?

1. 신대륙을 처음 발견한 것은 누구일까?
2. 콜럼버스가 대서양 서쪽으로 간 이유는 무엇일까?

신대륙을 처음 발견한 것은 누구일까?

이곳은 역사공화국 세계사법정. 토착 아메리카 사람인 여성 추장 아나카오나가 콜럼버스를 상대로 소송을 걸었다는 소문이 퍼지자마자 여기저기에서 몰려온 취재 기자들과 방청객들로 인산인해를 이루고 있었다. 특히 역사공화국 법정 뉴스의 다알지 기자는 CNN을 비롯한 세계 유수한 방송사와 신문기자들 틈에서 취재를 하느라 누구보다 분주하게 움직이고 있었다.

"콜럼버스라고 하면 우리 미국이 탄생할 수 있도록 신대륙 아메리카를 개척한 인물 아닌가?"

"그러게 말이야. 콜럼버스가 유럽에서 서쪽으로 항해할 생각을 하지 않았다면 오늘날 미국이 없었을지도 모르지."

"그런데 소송을 걸었다는 아나카오나는 누구지? 나는 생전 처음

왜 콜럼버스는 신항로를 개척했을까?

듣는 이름이구먼.”

“우리 이럴 것이 아니라 빨리 법정으로 들어가 보자고. 재판이 무척 흥미진진하겠는걸?”

유수
손꼽을 만큼 두드러지거나 훌륭한 것을 뜻합니다.

사람들은 서둘러 대법정 안으로 들어갔다. 대법정 안에는 이미 수많은 사람들로 입추의 여지가 없었다. 사람들은 특히 원고석에 앉아 있는 아나카오나 추장이 원주민 고유 복장을 한 것을 보고 여기저기서 수군거렸다.

“아니, 저 여성 추장은 원주민 복장으로 법정에 나왔네?”

“그러게 말이야. 하지만 아무리 그래도 그렇지, 신성한 법정에 저렇게 거의 벌거숭이 모습으로 나와도 되는 거야? 몸에 걸친 거라곤 허리춤에 중요 신체 부위만 가린 조그만 천 조각뿐이네?”

“그러게, 부끄럽지도 않나 봐! 가슴을 가리지도 않은 채 저렇게 상체를 드러내 놓고 있으니 말이야.”

“모두들 조용히 해 주세요. 이제 판사님께서 들어오십니다. 일동, 기립!”

판사 　모두 자리에 앉아 주세요. 자! 그럼 지금부터 ‘아나카오나 대 콜럼버스’ 사건에 대한 1차 재판을 시작하겠습니다. 우선 원고 측 김딴지 변호인으로부터 재판 청구에 대한 이유를 들어 보도록 하겠습니다.

김딴지 변호사 　존경하는 판사님, 그리고 배심원 여러분! 원고 아나카오나 추장은 지금으로부터 약 500년 전에 오늘날의 카리브해 일

대에 있는 에스파뇰라섬에서 평화롭게 살고 있던 원주민 타이노 부족의 추장이었습니다. 그런데 1492년 갑자기 나타난 콜럼버스와 그가 이끌고 온 에스파냐인들은 이후 몇십 년에 걸쳐 원주민들을 약탈 및 살해하고 노예로 부렸을 뿐 아니라, 유럽에서 무시무시한 전염병을 옮겨 와 결국에는 이들 원주민이 거의 몰살될 지경에 이르게 만들었습니다.

그런데도 콜럼버스는 당대에는 에스파냐로부터 '대양의 제독'이라는 칭호를 받고 자신이 탐험한 지역의 총독이라는 지위까지 수여받았습니다. 그뿐만 아니라 그는 후대 사람들로부터 '신대륙의 발견자'라는 영예까지 얻어 지금까지도 수많은 사람으로부터 위대한 모험에 나선 영웅으로 칭송을 받고 있습니다.

하지만 과연 콜럼버스가 그런 칭호와 칭송을 받을 만한 인물이었을까요? 본 변호인은 콜럼버스에 대한 왜곡된 역사의 진실을 하나하나 밝혀 사실은 그가 사기꾼이자 약탈자이며 노예 상인이고, 나아가 인종 대량 학살을 불러온 살인마라는 점을 밝히고자 합니다.

제독
보통 해군 함대의 사령관을 일컫는 말입니다.

판사   원고 측 변호인의 재판 청구 이유를 들어 보니 피고의 죄가 한두 가지가 아니군요. 그럼 원고 측의 주장대로 피고의 죄상을 하나하나 따져 보도록 하지요. 우선 원고 측 변호인은 피고가 사기꾼이라고 했는데, 그 이유를 자세히 말씀해 주시지요.

김딴지 변호사   피고 콜럼버스는 자신이 네 차례에 걸쳐 탐험한 곳이 신대륙이라는 사실도 몰랐고, 죽을 때까지도 자신이 인도에 다녀왔다고 믿었음에도 후대 사람들이 자신을 '신대륙의 발견자'라고 부르는 것에 대해 스스로 만족해 하면서 이를 바로잡을 생각을 하지 않았습니다. 물론 그것은 후대 사람들이 그렇게 부른 것이었다고 해도, 콜럼버스는 자신의 탐험을 가능하게 후원해 준 에스파냐 왕국의 이사벨라 여왕과 페르디난도 왕에게도 자신이 끝까지 인도에 다녀왔다고 우겼다는 점에서 사기꾼이라고 부를 수 있습니다. 결과적으로 콜럼버스에 의해 신대륙이 발견되었으니, 그를 신대륙의 발견자라고 부를 수 있지 않겠느냐는 논리가 성립할 수도 있습니다. 하지만 이 역시도 콜럼버스가 최초로 아메리카를 탐험한 사람이 아니라

빔 프로젝터
빛을 이용하여 슬라이드나 동영상 이미지 등을 스크린에 비추는 장치입니다.

바이킹
추운 북유럽 지방에 살던 민족으로 바이킹 고유의 배를 이용해 유럽 여러 곳을 침입하였습니다.

는 점을 입증하면 그가 사기꾼이라는 사실이 명백히 드러날 것입니다. 그래서 저는 콜럼버스 이전에도 아메리카 대륙에 다녀간 사람들이 있었다는 사실을 입증하기 위해 참고인 자격으로 저명한 나역사 교수님을 모시고자 합니다.

판사   좋습니다. 그럼 참고인을 불러 주시지요.

참고인 나역사 교수가 법정에 들어섰고, 법정 서기는 나역사 교수가 준비한 시각 자료들을 모두가 볼 수 있게 법정에 설치된 **빔 프로젝터**를 켜 주었다.

김딴지 변호사   나역사 교수님, 콜럼버스 이전에도 아메리카 대륙에 다녀간 사람들이 있었다지요?

나역사 교수   그렇습니다. 1492년 콜럼버스가 에스파냐에서 대서양 서쪽으로 항해하다 발견한, 그가 서인도제도라고 생각한 곳은 신대륙 아메리카였습니다. 그리고 피고가 발견한 것보다 거의 500년이나 앞선 시기에 이미 오늘날의 북아메리카 대륙을 다녀간 사람들이 있었습니다.

김딴지 변호사   그래요? 그들이 누구인데요?

나역사 교수   그들은 우리가 흔히 **바이킹**이라고 부르는 노르웨이 사람들이었습니다. 그중에서 리프 에릭슨이라는 선장이 1002년 혹은 1003년에 오늘날 캐나다 동쪽에 있는 래브라도와 뉴펀들랜드에 도착해 일시적으로 정착한 것으로 알려져 있습니다. 하지만 그들은 그곳에 잠시 머물다가 목재를 싣고 그린란드로 돌아가서는 다시는 오지 않았습니다. 그래서 에릭슨 일행이 대서양 서쪽에 있는 대륙에 다녀왔다는 사실은 그린란드인의 전설로 묻혀 버리고 말았던 것입니다.

란세오메도스. 바이킹의 정착지

김딴지 변호사   그것이 사실인가요? 그냥 바이킹의 후예들에게 전해져 오는 전설적인 무용담이 아닌가요?

나역사 교수   아닙니다. 역사가가 역사를 이야기할 때에는 역사적 증거를 갖고 말해야겠지요. 1960년 노르웨이 탐험가가 오늘날 캐나다의 뉴펀들랜드 섬 최북단에서 에릭슨이 건설했던 것으로 추정되는 정착지를 발견했고, 고고학자들은 이곳에서 발견된 유물과 유적을 통해 그것이 사실이라는 것을 확인했습니다. 란세오메도스라고 알려진 이곳은 1978년에 유네스코 세계 역사 유적지로 지정되었답니다.

김딴지 변호사   예, 그럼 이른바 바이킹이 유럽인 중에서 최초로 아메리카 대륙을 발견한 것은 사실이군요.

나역사 교수   그렇습니다. 하지만 최초의 신대륙 발견과 관련해서는 최근에 또 새로운 설이 제기되고 있습니다.

김딴지 변호사   아니, 바이킹 말고도 콜럼버스 이전에 아메리카 대륙에 다녀간 사람이 또 있다는 말씀입니까?

> **후예**
> 자신의 세대에서 여러 세대가 지난 뒤의 자녀를 통틀어 이르는 말로 후손이라고도 합니다.

그때까지 참고인으로 나온 나역사 교수의 말을 잠자코 듣고 있던 피고 측 이대로 변호사는 바이킹이 아메리카를 발견했다는 말이야 예전부터 항간에 떠도는 말이니 그러려니 하고 있었지만, 새로운 설이 제기되었다는 말을 듣고 더 이상 참을 수 없다는 듯이 앞으로 나섰다.

이대로 변호사 판사님, 이의 있습니다. 참고인은 누구나 다 아는 콜럼버스의 신대륙 발견의 공로를 일부러 깎아내리기 위해 말도 안 되는 학설을 제기하고 있습니다.

판사 재판과 관련해 누구나 다 아는 사실 말고 새로운 사실이 있다면 그것은 들어 보아야 한다고 생각합니다. 이의를 기각합니다. 참고인은 계속하십시오.

나역사 교수 새로운 설이란 콜럼버스보다 71년이나 앞선 1421년에 중국인들이 이미 아메리카 대륙을 발견했다는 주장입니다. 이것은 최근에 영국 해군의 잠수함 함장 출신인 개빈 멘지스라는 사람이 2002년에 출간한 『1421: 중국, 세계를 발견하다』라는 책에서 주장한 사실입니다. 멘지스에 따르면 중국 명나라 3대 황제인 영락제가 환관 출신의 정화에게 60척의 대형 함선과 190척의 소규모 선박을 지휘하게 해 총 일곱 차례에 걸쳐 중국 남해의 서쪽으로 항해하도록 했다고 합니다. 그중 6차 항해 때 본대와는 별도로 정화의 지휘하에 있는 네 명의 제독이 이끄는 4개의 소규모 함대가 세계를 항해했는데, 이때 한 제독이 이끄는 함대가 남아메리카의 동부 해안을, 또 다

른 제독이 이끄는 함대가 남북아메리카의 서해안과 태평양 지역을
탐험했다는 것입니다.

이대로 변호사　말도 안 되는 소리입니다. 그럼 멘지스라는 사람은
무슨 증거로 그런 주장을 했다는 것입니까?

나역사 교수　멘지스는 자신의 주장을 입증하는 증거로 유럽 사람
들이 아메리카에 도착했을 때 이미 인종적으로나 언어적으로 아시
아계로 보이는 사람들이 상당수 있었다는 점과 15세기 초의 중국

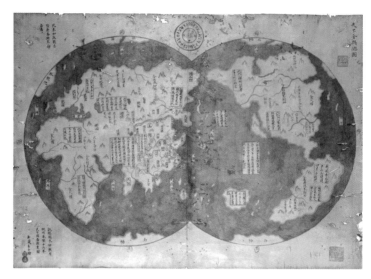

천하전여총도, 15세기 중국에서 제작된 세계 지도 '천하제번식공도'의 모사본으로 아메리카 대륙이 확실하게 그려져 있습니다.

난파선
항해 중에 폭풍우 등을 만나 부서지거나 뒤집힌 배를 일컫는 말입니다.

고지도
만든 지 오래된 지도로, 지도 제작의 기술적인 면에서 현대 지도와는 구별되는 지도를 말하지요.

문헌
옛날의 제도나 문물을 아는 데 증거가 되는 자료나 기록을 뜻합니다.

난파선으로 보이는 선박 잔해가 아메리카를 비롯한 세계 곳곳에서 발견된 점 이외에도 각종 고지도와 문헌을 제시하고 있습니다.

이대로 변호사　제가 알기로는 그런 멘지스의 주장이 이후 많은 역사가로부터 신빙성이 없다고 비판을 받은 것으로 알고 있는데요? 참고인은 역사가로서 허무맹랑하기 이를 데 없는 멘지스의 주장을 믿으시나요?

김딴지 변호사　판사님, 이의 있습니다. 피고 측 변호인은 재판과는 상관없는 참고인의 학식을 검증하려고 하고 있습니다.

판사   이의를 인정합니다. 이대로 변호인은 참고인이나 증인에게 재판과 직접 관련된 내용만 질문하시기 바랍니다. 참고인은 할 말이 더 있으십니까?

나역사 교수   예, 한마디만 더 하겠습니다. 저는 멘지스의 주장을 역사학계에서 어떻게 받아들이는가 하는 것과는 상관없이 당시 정화 함대가 보유한 대형 함선의 크기가 길이 150미터, 폭이 60미터, 무게가 1500톤이었는 데 반해, 콜럼버스가 타고 갔던 배 중 가장 큰 산타마리아호가 무게 230톤에 불과했다는 점을 생각하면 멘지스의 주장대로 중국인들이 아메리카를 비롯한 세계를 항해하는 것이 꼭 불가능하지는 않았을 것으로 판단합니다.

판사   나역사 교수님, 아메리카 대륙을 최초로 발견한 사람이 누구인가에 관해 상세히 진술해 주셔서 감사합니다.

방청객들은 콜럼버스 이전에도 아메리카 대륙에 다녀간 사람들이 있었다는 참고인 나역사 교수의 진술에 더 이상 콜럼버스를 신대륙의 발견자라고 불러서는 안 되는 것 아니냐며 설왕설래하였다.

설왕설래
서로 변론을 주고받으며 말다툼하는 것을 뜻합니다.

2

콜럼버스가 대서양 서쪽으로 간
이유는 무엇일까?

판사 　 참고인 진술을 들어 보니 아메리카 대륙에 처음 발을 디딘 사람이 콜럼버스가 아니라는 것은 어느 정도 수긍이 갑니다. 하지만 원고 측 주장대로 피고가 사기꾼이라면, 콜럼버스가 의도적으로 에스파냐 왕실을 속이고 대서양 서쪽으로 항해에 나섰고, 결과적으로 자신이 다녀온 곳이 인도가 아니라는 사실을 알면서도 인도라고 주장했어야 사기죄가 성립될 터인데, 이 점에 대해 양측 변호인들은 변론에 나서 주시기 바랍니다.

이대로 변호사 　 존경하는 판사님! 소문대로 늘 명판결을 내리시는 판사님답게 날카로운 지적을 해 주셨습니다. 제 의뢰인인 콜럼버스가 사기꾼이냐 아니냐 하는 것은 결국 그가 자기 이익을 위해 사람들을 속일 의도가 있었는가와, 결과적으로 사람들을 속여서 개인적

이득을 취했는가에 달려 있다고 하겠습니다. 그것을 알아 보기 위해서는 우선 억울하게 피고석에 앉아 있는 콜럼버스의 증언을 들어 보도록 하겠습니다.

판사　피고 콜럼버스는 앞으로 나와 증인 선서를 하고 증인석에 앉아 주시기 바랍니다.

알현
지체가 높고 귀한 사람을 찾아 가 뵙는 것입니다.

제1차 항해를 성공리에 마치고 에스파냐에 돌아와 이사벨라 여왕을 알현할 때처럼 화려하게 차려입은 콜럼버스는 '대양의 제독'이라는 칭호에 걸맞은 위엄을 갖추고 선서를 마친 다음 증인석에 앉았다.

판사　피고는 원고 측으로부터 피고가 신대륙의 발견자가 아니기 때문에 사기꾼이라는 비판을 듣고 있는데, 이에 대해 증언을 해 주시기 바랍니다.

콜럼버스　먼저, 오늘날 세상 사람들이 다 알고 있는 사실을 아니라고 우기면서 나를 사기꾼이라고 부르는 원주민들을 비롯한 원고 측이 한심하다 못해 불쌍하기까지 하오. 내가 누구인지에 대해서는 동네 코흘리개들도 다 알고 있겠지만, 이 자리를 빌려 다시 한번 내가 누구인지 그리고 왜 굳이 대서양 서쪽을 향해 항해에 나섰는지 간단히 설명하겠소.

나는 본래 이탈리아 제노아 출신으로 어린 시절부터 바다를 좋아해 나중에 꼭 선원이 되어 먼 바다를 항해하겠다는 꿈을 꾸곤 했소. 그래서 20대 초부터 선원이 되어 지중해뿐 아니라 대서양으로도 진

카탈루냐어
이탈리아 어파에 속한 언어로,
에스파냐의 카탈루냐, 발렌시아
지방 등에서 주로 사용합니다.

『동방견문록』
베네치아 상인인 마르코 폴로가
동양의 문화 및 풍습을 서양에
알린 기록서입니다.

외경
성경의 편집, 선정 과정에서 제
외된 문서들을 말합니다.

출해 영국, 아일랜드, 심지어 아이슬란드까지 배를 타고 돌아다녔다오. 그러곤 1479년에 동생 바르톨로메오가 지도 제작자로 일하고 있던 포르투갈의 리스본에 정착했다오. 그곳에서 포르투갈 귀족의 딸과 결혼해 첫아들 디에고를 얻었소.

김딴지 변호사 잠깐! 판사님, 우리는 지금 피고의 개인사를 듣고자 이 자리에 있는 것이 아닙니다. 재판을 신속하게 진행하기 위해 피고에게 본론만 이야기하도록 주의를 주시기 바랍니다.

판사 인정합니다. 피고는 자신이 왜 당시 사람들의 생각과 달리 서쪽으로의 항해에 나서게 되었는지 그 동기에 초점을 맞춰서 진술해 주기 바랍니다.

콜럼버스 내가 왜 서쪽 바다로 나서게 되었는가를 이야기하려니까 필요해서 한 말인데, 그게 뭔 개인사란 말이오? 하여간 좋소. 본론만 이야기하리다. 나는 포르투갈에서 10년 가까이 머물면서 그야말로 엄청난 공부를 했다오. 내 모국어가 아닌 포르투갈어와 **카탈루냐어**뿐 아니라 그 어렵다는 라틴어까지 배웠소. 그 이유는 물론 항해에 필요한 지식을 얻기 위해서는 천문학, 지리, 역사 등의 책을 두루 읽어야 하는데, 이들 언어가 꼭 필요했기 때문이오. 그때 약 2000권 이상의 책을 읽었는데, 그중에서 프랑스 주교 피에르 다이이가 1410년에 쓴『세계의 모습』과 마르코 폴로의『**동방견문록**』, 이 두 권의 책이 나에게 커다란 영감을 주었소. 그리고 비록 **외경**이기는 하지만 성경

책도 어느 정도 내게 영감을 주었소. 사실 당시에 대서양 서쪽으로의 항해를 위해 나만큼 많이 공부한 사람도 없을 거요.

판사 피고가 단순한 뱃사람인 줄로만 알았는데, 꿈을 이루기 위해 책을 그렇게 많이 읽었다고 하니 뜻밖이군요. 그래서 그 책들에서 어떤 영감을 받았나요?

콜럼버스 『세계의 모습』이라는 책에

『동방견문록』에 적힌 콜럼버스의 자필 기록

는 지구가 편평한 것이 아니라 둥그렇다는 사실이 기록되어 있었고, 인도와 유럽 사이의 바다는 "순풍이 불면 불과 며칠 사이에 횡단할 수 있다"라는 말이 나오더군요. 그리고 ▶『동방견문록』에 보면 중국의 동쪽은 바다로 둘러싸여 있고 그 동쪽에는 황금으로 넘쳐난다는 오늘날의 일본을 가리키는 '지팡구'가 있다는 말에서 영감을 받았다오. 그뿐만 아니라 **토스카넬리**가 그린 지도도 참고를 했는데, 그 지도를 보니 유럽에서 서쪽으로 적어도 한 달쯤 항해를 해 가면 지팡구에 도착할 수 있을 것이라는 판단이 들었소.

김딴지 변호사 피고가 『동방견문록』과 『세계의 모습』이라는 책을 얼마나 열심히 읽었는가는 그 책 곳곳에 깨알같이 남겨 놓은 메모를 보면 알 수 있지만, 당시에 지구가 둥글다는 것은 대부분의 항해자나 지식인들 사이에 널리 알려진 사실이 아니던가요?

토스카넬리
이탈리아의 천문학자·수학자·지리학자인데, 특히 지도·해도의 제작으로 유명합니다.

교과서에는

▶ 향신료와 비단 등 동양의 산물이 유럽에 전해지면서 유럽인들은 동양에 대한 호기심을 갖게 되었습니다. 마르코 폴로의 『동방견문록』에는 황금의 섬을 비롯해 동양에 대한 여러 정보가 담겨 있어 이런 호기심을 한층 자극하였지요.

추앙
높이 받들어 우러러보거나 마음
속으로 공경하는 것이지요.

콜럼버스 그렇소. 당시에도 많은 사람이 지구가 둥글다
는 사실을 어느 정도 알고 있었소. 하지만 지구가 둥글다고
해서 나처럼 용감하게 목숨을 걸고 서쪽으로 항해하겠다
고 나선 사람은 없지 않소? 이 점 때문에 후대 사람들이 나
를 위대한 항해자로 추앙하는 것 아니겠소?

김딴지 변호사 물론 그 점은 높이 평가할 수 있습니다. 그렇다면
피고가 굳이 포르투갈 사람들처럼 아프리카 서해안을 돌아 동쪽으
로 인도로 가는 길을 택하지 않고 서쪽으로 항해하겠다고 유럽 여러

왜 콜럼버스는 신항로를 개척했을까?

나라 왕실에 지원을 요청한 근본적인 동기는 무엇이었나요? 결국 황금을 찾아 부자가 되어 보겠다는 일념 때문이 아니던가요?

이대로 변호사 판사님! 이의 있습니다. 원고 측 변호인은 콜럼버스의 업적을 깎아내리기 위해 피고를 황금에 눈이 먼 사람으로 몰아가고 있습니다.

판사 기록을 보면 피고의 항해 계획에 황금 찾기에 관한 언급이 나오니 이의를 기각합니다. 피고는 진술을 계속하시지요.

콜럼버스 물론 황금을 찾겠다는 생각이 없었던 것은 아니오. 하지만 그보다 더 원대한 목적은 중국이나 인도로 갈 수 있는 더 빠른 뱃길, 다시 말하면 신항로 개척의 목적이 더 컸다고 할 수 있소. 그리고 이미 포르투갈의 엔리케 왕자를 비롯해서 많은 탐험가가 포르투갈 왕실의 후원을 받아 아프리카 쪽을 돌아 인도로 가는 항로를 발견하려고 하고 있었기 때문에 나로서는 아무도 가지 않은 뱃길을 택하는 모험을 감행할 수밖에 없었소. 그리고 서쪽으로의 항해가 꼭 성공할 것이라는 확신도 있었다오. 그렇지 않으면 다른 사람들이 모두 살아서 돌아오기 힘들 거라고 생각하는 항해에 왜 목숨을 걸고 나섰겠소? 그런데 나를 사기꾼이라고 고소를 하다니 참으로 어이가 없구려.

판사 그럼 당시에 유럽인들이 왜 육로를 포기하고 바닷길을 통해 중국이나 인도에 가려고 그렇게 열심이었나요?

콜럼버스 15세기 중엽 이전만 해도 유럽인들은 이른바 '실크로드'를 통해 중국이나 인도와 교역을 하면서 유럽에서 귀했던 비단과 각

언급
어떤 문제에 대하여 말하는 것이지요.

감행
행동을 과감하게 실행하는 것입니다.

실크로드
중앙아시아를 경유하는 고대의
동서 교통로로 비단길이라는 뜻
입니다.

향신료
음식에 맵거나 향기로운 맛을
더하는 조미료로 바닐라나 후
추, 파, 마늘 등이 있습니다.

요충지
땅의 모양이나 형세가 군사적으
로 아주 중요한 곳을 말합니다.

선각자
남보다 먼저 사물이나 세상일을
깨달은 사람을 말합니다.

교과서에는

▶ 유럽에서 비싼 값에 팔리
는 동방의 향신료는 이슬람
상인들이 독점하고 있었지
요. 그리고 15세기 중엽 비
잔티움 제국이 오스만 제국
에게 멸망한 후, 유럽인들은
이슬람 세력의 침공을 두려
워하였습니다.

종 향신료 등을 들여왔소. ▶하지만 1453년 이슬람교를 믿는 오스만 튀르크 제국이 동서 무역의 요충지인 콘스탄티노플을 정복하면서 육로를 통해 동양으로 갈 수 있는 안전한 무역 통로가 막혀 버리고 말았소. 그래서 바다를 통해 중국이나 인도로 가고자 했던 것이오. 그때 포르투갈 인들은 동쪽만을 고집하여 아프리카 서해안을 따라 무한정 내려가면서 중국이나 인도로 가는 길을 찾고자 했소. 그렇지만 나는 그들과 달리 과감하게 서쪽으로 항해하면 중국이나 인도에 갈 수 있다고 판단한 선각자라오. 그러니 나의 이런 계획을 믿고 과감하게 나의 항해를 후원해 준 에스파냐 왕실, 특히 이사벨라 여왕도 미래를 위해 투자할 줄 알았던 선구자라고 할 수 있지요.

김딴지 변호사　　판사님! 피고는 자신이 실제로 인도나 중국에 가 보지도 못했으면서 자꾸 자신의 항해가 정당했다는 변명만 늘어놓고 있습니다.

이대로 변호사　　당연히 정당했으니까 정당했다는 점을 말하는 것 아닙니까? 판사님, 콜럼버스의 항해가 정당한 것이었음을 입증해 줄 피고 측 증인으로 이사벨라 여왕을 모시도록 하겠습니다.

화려한 비단 옷을 차려입고 머리에는 영롱한 보석들이 박힌 왕관을 쓴 이사벨라 여왕은 위엄을 갖추고 증인 선서

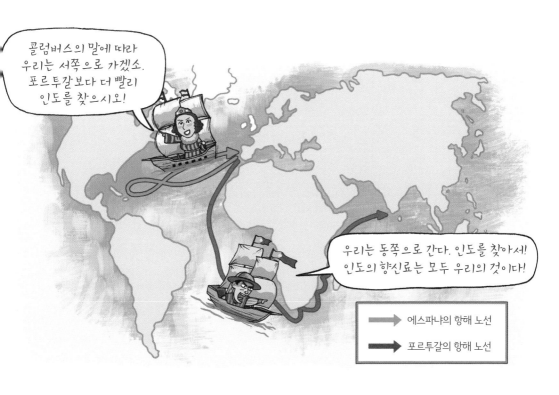

를 한 후 증인석에 자리를 잡았다.

판사 증인은 어떤 이유로 당시 많은 사람이 허황되기
이를 데 없다고 주장했던 콜럼버스의 항해를 지원하게 된
건가요?

이사벨라 여왕 콜럼버스의 항해를 지원하게 된 동기를 설명하자
면, 우선 당시 우리나라의 상황을 설명해야 할 것 같소. 에스파냐와
포르투갈이 있는 이베리아반도는 8세기 초에 아프리카에서 건너온

허황
헛되고 황당하며 미덥지 못하다
는 뜻입니다.

이교도
자기가 믿는 종교에 속하지 않은 사람들을 가리키는 말입니다.

개종
믿고 있는 종료를 바꾸어 다른 종교를 믿는 것입니다.

교과서에는

▶ 신항로 개척에 앞장선 나라는 에스파냐와 포르투갈이었지요. 대서양 연안에 있는 이 나라들은 지중해 무역에서 소외되어 있었고, 이슬람 세력에 대해 강한 적개심을 가지고 있었습니다. 또 신항로 개척이 가져올 경제적 이익과 영토 확장에 대한 욕구도 탐험 활동을 자극하였습니다.

이슬람 세력, 즉 무어인들의 지배를 받게 되었소. 이후 우리 선조들은 무어인들을 몰아내기 위해 이른바 '재정복' 활동을 꾸준히 벌여 무어인의 세력을 점차 몰아냈지요. 하지만 내가 카스티야의 왕으로 즉위할 때까지도 무어인이 건설한 그라나다 왕국이 눈엣가시처럼 남아 있었소. 그래서 아라곤의 페르디난도 왕과 결혼해 세력을 넓힌 나는 1492년 그라나다를 정복해 에스파냐 왕국의 통일을 달성할 수 있었다오.

김딴지 변호사　아니, 에스파냐 왕국의 통일이 콜럼버스와 무슨 상관인가요?

이사벨라 여왕　큰 상관이 있지요. 우리는 정신적으로 로마 가톨릭교로 무장해 우리 땅에 있던 이슬람교도인 무어인을 정복하고 나서 한창 국운이 융성의 길로 접어들고 있던 참이었소. 더욱이 우리는 기독교 신앙의 힘으로 이슬람교도를 물리쳤다고 생각했기에 기독교를 이교도에게 전파하는 것도 우리의 사명이라고 생각하고 있었지요. 그때 마침 콜럼버스라는 사람이 찾아와 중국이나 인도를 향해 가려는데 대서양 서쪽으로의 항해가 가능하다며 우리에게 지원을 요청했던 것이오. ▶그리고 콜럼버스는 항해에 성공하게 되면 엄청난 금은보화를 획득할 수 있을 뿐 아니라 이교도들을 기독교도로 개종시킬 수 있는 기회를 얻게 된다고 나를 설득했지요.

김딴지 변호사　하지만 증인도 콜럼버스의 제안을 듣고서 처음에는 별다른 반응을 보이지 않으셨잖습니까? 증인도 피고의 주장이 허무맹랑한 것이라고 생각하셨지요?

이사벨라 여왕   나도 처음에는 반신반의했지요. 알고 보니 콜럼버스는 이미 포르투갈의 조앙 2세에게 자신의 주장을 제시하고 지원을 요청했다가 퇴짜를 맞았더군요. 그래서 나는 당시 유럽 최고 학자들이 모여 있는 에스파냐의 살라망카 대학 교수들에게 콜럼버스의 제안에 대해 그와 토론을 하면서 검토해 볼 것을 지시했지요.

김딴지 변호사   저는 그 결과 살라망카 대학 교수들이 콜럼버스의 제안이 실현 가능성이 없다는 결론을 내린 것으로 알고 있습니다. 그런데 왜 증인은 결국 콜럼버스의 제안을 받아들이신 겁니까? 그가 사기를 치고 있을 수도 있는데 말입니다.

이대로 변호사   판사님! 원고 측 변호인은 계속 사기 운운하면서 제 의뢰인이 정말로 사기를 친 것처럼 몰아가고 있습니다.

판사   인정합니다. 원고 측 변호인은 표현에 주의해 주기 바랍니다. 증인은 콜럼버스에 대한 원고 측의 비난성 발언에 개의치 말고 당시 상황에 대해 정확하게 진술해 주기 바랍니다.

이사벨라 여왕   살라망카 대학 교수들의 결론을 듣고 나서 나도 잠시 콜럼버스의 제안이 허망한 것이라는 생각을 했지요. 하지만 콜럼버스는 이에 굴하지 않고 여러 경로를 통해 나에게 자신의 항해를 지원해 주면 반드시 결실을 볼 것이라고 끈질기게 제안을 해 왔소. 그래서 다시 콜럼버스를 직접 만나 보니 그는 정말로 자신의 계획이 꼭 성공하고 말 것이라는 신념으로 불타오르고 있다는 것을 알았지요.

반신반의
반은 믿고 반은 의심한다는 고사성어로, 믿으면서도 한편으로는 의심하는 것이지요.

내가 800년 가까이 우리를 지배해 온 이슬람교도들을 내 **치세**에서 몰아낼 수 있었던 힘이 기독교 신앙이었던 것처럼 그에게서도 신항로 개척의 의지가 하나의 신앙이나 다름없다는 것을 느낄 수 있었소.

김딴지 변호사　그럼 증인은 단지 콜럼버스의 열정 하나만 믿고 그 무모한 탐험에 투자하셨단 말입니까? 당시 모든 사람이 이건 정말 말이 안 되는 계획이라고 한사코 반대했는데도 말입니다.

이사벨라 여왕　어떤 일을 하던지 그 일에 성공하기 위해서 가장 먼저 필요한 것이 바로 그 일을 기필코 해내겠다는 열정이지요. 하지만 내가 명색이 여왕인데 단순히 열정 하나만 보고 투자를 했겠소? 나도 이것저것 계산을 해 보았다오. 사실 콜럼버스가 항해에 실패하더라도 우리 에스파냐 왕실은 크게 잃을 것이 없었소. 하지만 만약 성공한다면 그건 요즘 말로 그야말로 대박이었소. 그리고 결과적으로 콜럼버스가 비록 인도나 중국에 가지는 못했지만 우리가 궁극적으로 아메리카 대륙의 대부분을 식민지로 만들 수 있는 길을 열어 주었으니 말이오.

김딴지 변호사　방금 아메리카 대륙이라고 말씀하셨는데, 증인도 콜럼버스가 인도에 다녀왔다고 주장하는 것을 믿지 않으신 건가요? 그럼 여왕님도 콜럼버스가 거짓말을 했다는 것을 아셨다는 말씀이네요.

이사벨라 여왕　포르투갈의 바스코 다 가마가 아프리카 남단을 돌아 인도에 간 것이 1498년이었소. 그리고 그가 돌아온 뒤에 유럽에서 콜럼버스가 인도에 가지 않았다는 소문이 돌기 시작했으니 나도 과연 콜럼버스가 인도에 가기는 간 것인가라고 의아해 하기는 했다오. 하지만 콜럼버스가 다녀온 곳이 신대륙이라는 사실과 그 대륙의 명칭으로 1499년에 포르투갈의 배를 타고 남아메리카를 다녀온 이탈리아 피렌체 출신의 아메리고 베스푸치의 이름을 따왔다는 사실은 나도 죽은 뒤에야 알게 되었소. 사실상 신대륙을 처음 발견한 것은 콜럼버스인데 그 대륙의 이름으로 콜럼비아가 아니라 아메리카라고 붙여진 것에 대해서는 나도 안타깝게 생각한다오.

아메리고 베스푸치

김딴지 변호사   마지막으로 증인은 콜럼버스가 새로운 섬과 육지들을 발견할 경우 그가 요구한 대로 귀족의 칭호, 대양의 제독, 새로운 모든 땅의 최고 행정관이자 총독, 그 땅에서 얻는 수입의 10분의 1과 상거래에서 얻어지는 이익의 8분의 1을 그와 그 후손들에게 부여한다는 조건에 동의하였고 이를 문서로 남기셨습니다. 하지만 콜럼버스의 3차 항해 이후 그를 소환해 최고 행정관이자 총독의 자리에서 해임한 것은 피고가 약속했던 대로 인도나 중국에 도달하지 못했고, 또 황금도 발견하지 못했기 때문이 아닙니까? 콜럼버스는 세 번째 항해 이후에도 계속 자신이 인도 근처에 다녀왔다고 헛된 주장만 계속하였지요. 이미 그 무렵에는 콜럼버스가 항해한 곳이 새로운 대륙일지도 모른다는 증거가 속

해임
어떤 지위나 맡은 임무를 그만두게 하는 것을 말합니다.

이주자
본래 살던 곳에서 다른 곳으로 사는 곳을 옮기는 것을 이주라 하며, 옮겨 가 사는 사람을 이주자라고 합니다.

속 발견되고 있었는데도 말입니다.

이사벨라 여왕   콜럼버스의 특권 일부를 박탈한 것은 그가 인도로 가는 서쪽 항로를 발견하지 못한 책임을 물은 것도 아니고, 그렇다고 황금을 캐 오지 못한 실망감 때문도 아니에요. 그것은 콜럼버스가 총독으로서 에스파뇰라 섬에서 행한 가혹한 조치와 식민지 이주자들의 반란을 굴복시키지 못했기 때문이오. 더욱이 그는 내가 백성으로 간주하는 인디언들을 노예로 삼지 말라고 했는데 이를 흘려들은 것은 용서할 수 없는 일이었소.

판사   신문할 것이 더 있습니까?

김딴지 변호사   아닙니다, 판사님! 오늘 신문은 이것으로 마치겠습니다.

판사   피고 측 변호인은 반대 신문 할 것이 있습니까?

이대로 변호사   이사벨라 여왕께서 조리 있게 증언을 잘해 주셔서 더 이상 없습니다.

판사   오늘 1차 재판은 피고 콜럼버스가 과연 신대륙 최초의 발견자인가, 그리고 과연 충분한 영예를 누릴 만한 인물인가에 초점을 맞추어 진행하였습니다. 그럼 '아나카오나 대 콜럼버스' 사건에 대한 1차 재판을 마치고, 다음 재판은 일주일 뒤에 열겠습니다.

땅, 땅, 땅!

콜럼버스가 측정한 지구의 크기

우리가 흔히 알고 있듯이 콜럼버스가 살았던 시대에 유럽 사람들이 지구를 편평한 것으로 생각했다는 것은 사실이 아닙니다. 당시 유럽 사람들에게 지구가 둥글다는 사실은 이미 잘 알려져 있었습니다. 그런데 사람들이 먼 바다로 나가게 되면 낭떠러지에 떨어져 죽을 것으로 알고 있던 시절에 왜 콜럼버스만이 지구가 둥글다는 최신 이론을 알고 있었던 것처럼 알려졌을까요? 그것은 1828년 미국의 소설가 워싱턴 어빙이 저술한 콜럼버스에 관한 두 권짜리 전기 『크리스토퍼 콜럼버스의 삶과 항해에 관한 역사』라는 책에서 비롯되었습니다. 어빙은 이 책에서 포르투갈과 에스파냐의 학자들이 지구가 둥글다고 믿는 콜럼버스를 비난하고 조롱하는 장면을 매우 현장감 있게 묘사했습니다. 그리고 이 책이 오랫동안 콜럼버스에 관한 가장 권위 있는 전기로 인정받으면서, 오늘날 당대의 학자들이 지구가 편평하다고 믿었다고 만드는 데 크게 기여했던 것이지요.

콜럼버스는 지구가 둥글다는 사실은 알고 있었지만, 지구의 크기를 실제보다 작게 계산했습니다. 지구의 둘레는 이미 기원전 3세기에 그리스의 수학자이자 천문학자인 에라스토테네스가 약 4만 킬로미터에 달하는 것으로 오늘날의 기준으로 보아도 거의 정확하게 계산해 낸 바 있습니다. 콜럼버스는 자신의 꿈을 이루기 위해 광범위한 독서를 통해 지구의 크기와 지리에 대한 고대의 지식과 최신 정보를 두루 얻었지요. 그리고 그는 실제로 동생 바르톨로메

오와 함께 지도 제작일과 지도 판매상을 하기도 했습니다. 하지만 콜럼버스는 자신이 얻은 모든 정보를 토대로 지구의 크기를 실제 지구의 크기보다 훨씬 작게 계산했답니다. 그가 계산한 지구의 둘레는 약 2만 5000킬로미터에 불과했습니다. 그리고 콜럼버스는 지구 전체에서 대양이 차지하는 비율이 상대적으로 작다고 판단했던 반면에 아시아 대륙은 실제보다 훨씬 큰 것으로 생각했지요. 그뿐만 아니라 중국과 일본 사이의 거리를 실제보다 훨씬 더 먼 것으로 계산해 만약 대서양 동쪽에서 서쪽으로 항해해 간다면 그 거리는 약 4000킬로미터밖에 안 될 것으로 보았습니다. 이처럼 커다란 계산 착오가 발생한 이유에 대해 대부분의 학자는 콜럼버스가 자신이 믿고 싶은 결론을 이끌어 내기 위해 여러 나라의 지도에 나온 수치를 가능한 한 짧게 계산한 것으로 보았답니다.

　콜럼버스가 에스파냐 왕실에 자신의 항해 계획을 제시했을 때 이사벨라 여왕은 살라망카 대학의 전문가 위원회로 하여금 몇 차례 그 계획을 검토해 보도록 했습니다. 하지만 이 위원회는 그때마다 콜럼버스의 계획이 실현 가능성이 없는 것이라고 여왕에게 보고했습니다. 왜냐하면 당시 이 전문가들은 콜럼버스의 계산이 정확하지 않고 오류가 많다는 것을 알았기 때문이었지요. 결론적으로 콜럼버스는 부정확한 계산을 토대로 항해를 떠났는데도 다행히 중간에 그 당시 서유럽에서는 누구도 알지 못하던 신대륙이 존재했기 때문에 목숨도 건지고 위대한 발견자의 칭호도 얻을 수 있었던 것입니다.

　　　왜 콜럼버스는 신항로를 개척했을까?

다알지 기자

안녕하십니까? 역사공화국 법정 뉴스의 다알지 기자입니다. 저는 지금 막 '아나카오나 대 콜럼버스' 사건의 1차 재판이 끝난 세계사 법정이 열리고 있는 미국 연방 대법원 앞에 나와 있습니다. 여러분도 잘 알고 있듯이 콜럼버스는 이제까지 아메리카라는 신대륙 발견자로서 널리 추앙을 받아 왔고, 세계 여러 나라에서도 이를 기리고 있습니다. 하지만 원주민 추장인 아나카오나는 콜럼버스가 최초의 신대륙 발견자가 아니기 때문에 사기꾼이라고 주장하면서 이를 바로잡고자 합니다. 오늘 재판에서는 과연 콜럼버스가 원고 측 주장대로 사기꾼이냐 아니냐를 둘러싸고 열띤 공방이 있었는데요. 아, 저기 1차 재판을 끝내고 나오는 오늘 재판의 주인공들이 보이네요. 잠시 원고와 피고를 만나 인터뷰를 해 보겠습니다. 먼저 원고 아나카오나 추장님, 오늘 재판에 만족하십니까?

아나카오나

썩 만족스럽지는 않지만, 오늘 재판을 통해 콜럼버스가 최초의 신대륙 발견자가 아니라는 사실은 어느 정도 밝혀졌다고 생각해요. 콜럼버스는 자신이 계획한 대로 서쪽으로 항해하면 중국이나 인도로 갈 수 있고, 그렇게 되면 엄청난 금은보화를 얻을 것이며, 이교도를 기독교로 개종시킬 수 있다는 감언이설로 에스파냐 왕실을 속인 인물이에요. 오늘 안 사실이지만 우리 땅을 밟게 된 것이 지구의 크기를 본래보다 작게 생각한 그의 계산 착오에서 비롯된 것이더군요. 그가 정말로 운이 좋았기에 망정이지 아마 망망대해에서 상어 밥이 되고 말았을지도 모르지요. 그런데도 인도에 다녀왔다고 주장하며 자신을 구해 준 우리에게 인디언이라는 엉뚱하기 이를 데 없는 이름을 붙여 준 콜럼버스는 희대의 사기꾼이지요. 게다가 자신의 잘못은 인정하지 않고 신대륙 발견자라는 칭호를 당연하게 받아들이고 있으니, 참 어이없는 일이지요.

왜 콜럼버스는 신항로를 개척했을까?

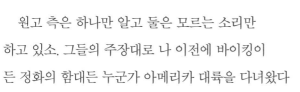

콜럼버스

원고 측은 하나만 알고 둘은 모르는 소리만 하고 있소. 그들의 주장대로 나 이전에 바이킹이 든 정화의 함대든 누군가 아메리카 대륙을 다녀왔다고 하더라도 그게 무슨 소용이 있소? 그런 사실이 당시 세상에 널리 알려지지도 않았고, 또 그들이 정착도 하지 않았기 때문에 그냥 전설 속에 묻혀 버리고 만 것을. 나의 항해로 인해 세상 사람들이 대서양 서쪽으로 항해를 해 가면 사람들이 살고 있고, 또 이주가 가능한 새로운 땅이 있다는 사실을 깨닫게 되었다는 것이 중요한 것이지. 나 때문에 에스파냐인을 시작으로 유럽인들이 신대륙으로 건너가 살 수 있는 길이 열리게 된 것 아니오? 그 길을 맨 처음 열어 준 사람이 바로 나 콜럼버스요. 그만하면 내가 신대륙의 발견자라는 영광을 얻기에 충분하지 않소? 물론 내가 죽을 때까지 인도에 다녀왔다고 믿은 것은 사실이오. 그것은 당시의 지구에 관한 지리적 지식이 그 정도밖에 되지 않았기 때문이지, 내가 일부러 자신의 과오를 숨기기 위해 그런 것은 아니오.

콜럼버스는 어떻게 항해하였을까?

옛날에는 먼바다를 여행하는 일은 매우 위험한 일이었습니다. 망망대해에서 길을 잃기 십상이고, 언제 커다란 파도가 배를 덮칠지 모르며, 상어와 같이 위험한 바다 동물들의 습격을 받을 수도 있었지요. 또한 항해 중에 음식이 부족해도 육지에 도착할 때까지 배고픔을 참아야 했지요. 그러나 많은 사람이 이러한 위험을 무릅쓰고 바다로 나아갔습니다. 콜럼버스도 그런 사람 중 한 명이죠. 그렇다면 콜럼버스는 어떻게 항해하여 아메리카 대륙에 도착할 수 있었을까요?

『동방견문록』

이 책은 이탈리아 여행가 마르코 폴로가 서아시아, 중앙아시아, 그리고 원나라에 머물면서 보고 들은 것을 귀국한 뒤 '세계의 불가사의'라는 제목으로 발표한 책입니다. 우리나라에서는 '동방견문록'이라는 이름으로 출간되었지요. 당시 동양에 대해 거의 알지 못했던 유럽 사람들이 크게 관심을 가졌고, 콜럼버스 또한 이 책에서 묘사한 황금의 나라를 찾아 나서기 위하여 항해를 결심하게 됩니다. 비록 원하던 황금의 나라는 찾지 못했지만 이 책 덕분에 콜럼버스는 아메리카 대륙을 발견할 수 있었던 거지요.

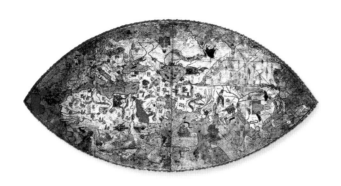

토스카넬리의 '세계 지도'

토스카넬리는 이탈리아의 천문학자로 '지구는 둥글다'라고 주장한
사람입니다. 그 당시 많은 유럽 사람이 지구가 평탄하고 끝으로 가
면 바닷물이 폭포처럼 떨어진다고 생각하고 있을 때 토스카넬리는
이런 편견을 깨고 지구는 둥글다고 확신하고 있었지요. 또한 이 확
신을 토대로 포르투갈의 왕에게 서쪽으로 항해하면 인도에 도착할
수 있다는 의견을 제시했던 사람이기도 합니다. 토스카넬리의 의견
을 믿은 콜럼버스는 대서양 서쪽으로 항해하는 것이 더 빨리 인도에
도착할 수 있다고 생각하였고, 에스파냐의 이사벨라 여왕의 후원을
받아 서쪽을 향해 탐험하게 됩니다.

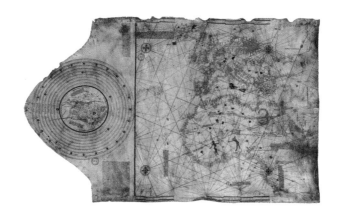

콜럼버스의 항해 지도

콜럼버스는 포르투갈의 리스본에서 동생 바르톨로메오와 함께 지도 제작을 했습니다. 당시 리스본은 유럽의 거대한 항구 도시로 대서양을 향해 열려 있는 곳이었어요. 젊은 콜럼버스 형제는 이곳에서 지도 제작자로 유명해집니다. 이러한 준비 기간은 훗날 콜럼버스가 대서양을 가로질러 항해를 하는데 밑거름이 되었지요. 이 지도는 콜럼버스가 신대륙 탐험에 사용한 항해 지도로 1490년경에 제작된 것입니다.

콜럼버스는 1492년 산타마리아호와 조금 더 작은 배인 핀타호와 니냐호 두 척을 거느리고 에스파냐를 떠나 1차 항해를 시작합니다. 산타마리아호는 무게가 230톤으로 그리 큰 배는 아니었지만 선체 위에 돛을 세우고 바람을 받게 하여 풍력을 이용해 진행하는 범선으로 먼 곳으로 항해하는 데 적합한 배였습니다.

콜럼버스는 이 배를 이용하여 한 달 만에 현재의 서인도 제도를 발견하였고, 처음으로 상륙한 섬을 산살바도르라고 이름 붙였습니다. 그러나 산타마리아호는 출항한 지 5개월이 채 되기도 전에 난파되어 그 원형을 알아볼 수 있는 자료가 별로 남아 있지 않습니다. 사진에 보이는 이 배는 남아 있는 자료를 토대로 콜럼버스가 탔던 산타마리아호를 다시 복원한 것입니다.

콜럼버스는 신대륙에서 어떤 일을 했을까?

1. 에스파냐인들은 원주민들을 어떻게 생각했을까?
2. 원주민들은 어떻게 노예가 되었을까?

1

에스파냐인들은 원주민들을
어떻게 생각했을까?

　"자네, 지난 재판에서 증인으로 출석했던 이사벨라 여왕 보았지? 화려하게 차려입은 의상과 각종 보석으로 번쩍이는 왕관도 멋들어지지만, 무어인을 몰아내고 에스파냐를 통일한 여왕답게 당차고 기품 있는 그 모습에 나는 숨이 막히더라고."

　"뭐라고? 에이, 이 사람아! 내가 자네 속을 모르는 줄 아나? 내가 보니 자네는 여왕의 기품이 아니라 미모에 눈이 팔려서 정신을 못 차리는 것 같던데?"

　"아니, 뭐라고? 자네야말로 오히려 벌거숭이나 다름없는 아나카오나 추장만 뚫어져라 바라보던걸?"

　"아니, 이 사람이? 멀쩡한 나를 이상한 사람으로 몰아가고 있네?"

　법정에는 이미 사람들로 만원을 이루어 미처 입장하지 못한 사람들은 하는 수 없이 방송사에서 설치한 대형 전광판을 통해 재판 실황을 지켜보고자 각자 잘 보이는 자리에 신문지를 깔고 앉아 있었다.

판사 지금부터 '아나카오나 대 콜럼버스' 사건의 2차 재판을 시작하겠습니다. 지난번 재판은 피고가 사기꾼이냐 아니냐에 초점이 맞춰졌다면, 오늘 재판은 콜럼버스가 원고 측 주장대로 과연 약탈자이자 노예 상인이며, 살인마인가라는 점이 주요 쟁점이 되겠습니다. 그럼 원고 측 변호인이 먼저 하시지요.

김딴지 변호사 자, 그럼 콜럼버스가 왜 약탈자, 다시 말하면 날강도나 다름없는 사람인가를 밝히도록 하겠습니다.

이대로 변호사 판사님, 이의 있습니다! 콜럼버스가 날강도라니요? 원고 측 변호인은 과장된 표현으로 배심원단의 판단을 흐리게 하고 있습니다.

판사 좋습니다. 김 변호인은 피고에 대해 오해의 소지가 있는 발언은 삼가 주시기 바랍니다.

김딴지 변호사 제가 언제 콜럼버스보고 날강도라고 했나요? 날강도나 다름없는 사람이라고 했지요. 아무튼 정정하겠습니다. 콜럼버스의 여러 가지 죄목 중 원주민 약탈에 대한 이야기를 먼저 하겠습니다. 콜럼버스는 1492년 제1차 항해 시에 처음으로 오늘날 바하마 군도의 산살바도르섬에 상륙했습니다. 그때 그는 원주민들로부터 아주 극진한 대접을 받았습니다. 이것은 자신이 기록했던 '항해일지'에도 원주민들이 자신들에게 담배를 의미하는 일종의 말린 풀,

앵무새, 무명실 꾸러미, 그 밖에 다른 많은 물건을 가져왔다고 언급한 것으로도 입증됩니다. 콜럼버스가 기록한 대로 원주민들은 이상하게 생긴 콜럼버스 일행을 처음 본 순간 그들이 하늘에서 내려온 존재처럼 생각했던 것입니다. 그래서 원주민들은 콜럼버스 일행에 대해 **경외심**을 갖고 대했던 것이지요. 그런데도 피고는 배은망덕하게도 원주민들을 처음 보는 순간 노예로 삼아 노동력을 착취할 생각을 했던 인물입니다.

판사 어허! 어떻게 처음 보는 사람들을 노예로 만들 생각을 했단 말인가요?

김딴지 변호사 그것은 앞서 말씀드린 대로 콜럼버스가 기록한 '항해 일지'에 그대로 드러나 있습니다. 그것을 짐작할 수 있게 해 주는 문구를 제가 직접 읽어 보도록 하겠습니다.

> 원주민들은 (……) 우리가 말해 주는 것을 아주 빨리 따라 하기 때문에 그들은 재주 있는 훌륭한 하인들인 것 같다. (……) 이 사람들은 무기를 사용하는 데 전혀 재주가 없다. 내가 붙잡아 온 7명을 보내 드리면 여왕 폐하께서 직접 아시게 될 것이다. 우리 말을 가르친 뒤 그들을 다시 데려오겠다. (……) 50명의 병력으로 전체 원주민을 굴복시키고 아무것이나 시키는 일을 하게 만들 수 있다.
>
> —안드레아스 벤츠케, 『콜럼버스』 중에서

김딴지 변호사 잘 들으셨지요. 이건 제 말이 아니고 콜럼버스가 직접 기록한 것입니다. 이것을 보면 콜럼버스가 원주민들을 애초부터 노예로 삼겠다는 생각을 갖고 있었다는 것이 그대로 드러나지 않습니까?

판사 원주민과의 첫 대면부터 그런 생각을 했다니 놀랍군요.

이대로 변호사 판사님! 이의 있습니다. 원고 측 변호인은 '항해 일지'에서 원고 측에게 유리한 부분만 따로 떼어내어 피고를 불리한 쪽으로 몰아가고 있습니다.

판사 그런가요? 그 이유를 설명해 주시지요.

이대로 변호사 원고 측 변호인이 인용한 '항해 일지'의 같은 날 기록 앞부분에는 "원주민들이 우리와 우호적인 관계를 맺기를 나는 바란다. 폭력보다는 사랑으로써 우리의 성스러운 믿음으로 개종되어 구원받을 수 있는 종족이기 때문이다"라는 대목도 있습니다. 이처럼 원주민과 우호적인 관계를 맺기 바라며 폭력보다 사랑으로 대하겠다는 콜럼버스를 약탈자로 몰아가다니요?

판사 그 부분도 콜럼버스의 의도를 알 수 있게 해 주는군요.

김딴지 변호사 그것은 단지 입에 발린 말에 불과합니다. 콜럼버스는 산살바도르에서 며칠간 머문 뒤 다른 곳을 향해 떠나기 전에, 자신이 '항해 일지'에 밝힌 것처럼 에스파냐로 데리고 가기 위해 7명의 원주민을 붙잡아 배에 싣고 다녔습니다. 이 소문이 주변 섬에 널리 퍼져 콜럼버스가 범선을 타고 해변 마을에 도착하면 원주민들이 이미 도망가 텅 빈 마을을 접해야 했습니다. 그뿐만 아니라 콜럼버스는 본래 자신의 목적이었던 황금을 찾기 위해 카리브해 일대를 샅샅이 뒤지고 다니며 원주민들에게 황금이 있는 곳을 수소문하는 데 온통 정신을 쏟았습니다. 그런데도 에스파뇰라섬의 원주민 추장 과카나가리는 콜럼버스가 타고 간 산타마리아호가 좌초되어 배를 못 쓰게 되었을 때 이들을 따뜻하게 영접하고 위로해 주기까지 했습니다.

판사 자료를 보니 콜럼버스는 원주민들의 도움으로 파손된 산타마리아호에서 짐을 내려 그곳에다 에스파냐인 최초의 정착지로서 라 나비다드를 건설했더군요.

김딴지 변호사　　그렇습니다. 콜럼버스는 배가 좌초된 날이 마침 크리스마스였기 때문에 성탄절의 마을이라는 뜻으로 정착촌을 라 나비다드라고 이름 붙였습니다. 그때도 추장 과카나가리는 콜럼버스에게 약간의 금붙이를 선물하며 호의를 베풀었는데, 그는 이것을 보고 에스파뇰라와 동쪽의 섬들에 금이 무진장 있을 거라고 지레짐작했습니다. 하지만 그에게 남아 있는 두 척의 배 핀타호와 니냐호로는 더 이상의 탐험이 힘들었기 때문에 피고는 라 나비다드에 약 40명을 남겨 두고 자신의 항해가 성공적이었음을 알리기 위해 서둘러 에스파냐로 돌아갔습니다.

판사　　그렇다면 콜럼버스의 제1차 항해에서는 원고 측이 주장하는 것과 같은 약탈자의 모습이 보이지 않는데요?

김딴지 변호사　　적어도 제1차 항해에서는 에스파냐 왕실에 보여 주기 위해 콜럼버스가 끌고 간 몇 명의 원주민을 제외하고 겉보기에 약탈자같이 보이지는 않지요. 약탈자라기보다는 납치범이라는 칭호가 더 어울리기는 하지만요.

이대로 변호사　　아니, 보자 보자 하니까! 판사님, 이의 있습니다. 원고 측 변호인은 피고에게 자꾸만 얼토당토않은 죄목을 덧씌우고 있습니다. 이를 제지해 주시기 바랍니다.

판사　　원주민이 자유의사로 콜럼버스를 따라 에스파냐로 갔다고 볼 수 없기에 이의를 기각합니다. 원고 측 변호인 계속하십시오.

김딴지 변호사　　역시 명판결로 소문난 판사님다우십니다. 콜럼버스가 약탈자와 노예 상인로서의 본모습을 드러내는 것은 제2차 항

지레짐작
어떤 일이 일어나기 전에 미리 넘겨짚어 어림잡아 헤아리는 것입니다.

적반하장
도둑이 도리어 매를 든다는 뜻
으로, 잘못한 사람이 아무 잘못
도 없는 사람을 나무라는 것을
말하지요.

해 때부터라고 할 수 있습니다. 피고가 원주민들에게 얼마나 커다란 만행을 저질렀는지에 대해 직접 피해자의 증언을 듣도록 하겠습니다. 증인으로 원고 아나카오나 추장을 이 자리에 모시겠습니다.

그때까지 원고석에서 묵묵히 재판을 지켜보던 아나카오나 추장은 자신이 진실을 밝힐 기회를 얻게 되자 그 작은 체구에서 어떻게 그런 위엄이 풍겨 나올까 싶을 정도로 당당한 모습으로 선서를 마치고 눈을 반짝이며 증인석에 앉았다.

판사   원고는 콜럼버스에 비해 세상 사람들에게 거의 알려지지 않은 인물로 알고 있는데 먼저 자기소개를 해 주신 다음 콜럼버스와의 관계를 말씀해 주시기 바랍니다.

아나카오나   나는 오늘날의 아이티 공화국이 있는 에스파뇰라섬의 5개 타이노 부족의 지배 지역 중 서남쪽 하라구아 지역의 카시크, 즉 추장이었소. 내 남편은 인근 지역의 추장 카오나보였다오. 내 이름은 '황금의 꽃'이라는 뜻의 아나카오나라고 하지요.

이대로 변호사   앗, 그럼 원고의 남편이 콜럼버스가 제1차 항해를 마치고 떠나면서 최초의 정착촌으로 건설한 라 나비다드의 에스파냐인들을 몰살시킨 카오나보 추장이었단 말이지요? 그러면서도 원고는 적반하장으로 콜럼버스가 약탈자라고 주장한단 말입니까?

아나카오나   타이노족의 용맹스러운 전사인 내 남편을 그런 식으

로 모욕하지 마시오. 적반하장은 콜럼버스 일행이 저지른
것이라오. 사건의 전말을 말하자면 다음과 같소. 콜럼버스
가 라 나비다드에 남겨 놓고 떠난 40명의 남자들은 그야
말로 악마나 다름없는 사람들이었소. 이들이 라 나비다드
에 남은 이유도 알고 보면 콜럼버스가 에스파냐로 돌아간 사이에 먼
저 황금을 찾아보겠다고 탐욕스러운 잔꾀를 부린 사람들이었다오.
이들은 닥치는 대로 원주민 여자들을 겁탈하고 눈에 띄는 대로 금을
강탈하기 시작했소. 자기네들끼리도 패거리가 형성되어 서로 많은
것을 차지하려고 싸우기도 하면서 금을 찾는다고 섬 전체를 돌아다

겁탈
위협하거나 폭력을 써서 육체적
관계를 맺는 것을 말합니다.

자위권
자기의 생명과 재산에 관한 위험을 막아 스스로 지키는 권리를 말합니다.

니면서 약탈을 일삼았다오.

이대로 변호사　　그렇다고 해서 몰살을 시키다니요? 그들이 죄를 저질렀으면 잡아 두었다가 콜럼버스가 돌아오면 죄에 따라 재판을 받게 할 수도 있는 일 아니었나요?

아나카오나　　그건 평화 시에나 있을 수 있는 당신네들의 방식이지요. 우리에게 그것은 생존권을 지키기 위한 전쟁이었고 정당한 자위권의 발동이었다오. 콜럼버스 일행을 처음 맞이했던 과카나가리 추장처럼 대부분의 원주민은 그들에게 식량과 금을 주면서 호의적으로 대했는데 돌아온 것은 겁탈과 약탈뿐이었으니 우리가 어떻게 그런 악행을 참을 수 있겠소.

판사　　그래서 원고의 남편인 카오나보 추장은 어떻게 되었나요?

아나카오나　　내 남편은 결국 콜럼버스의 제2차 항해 때 대거 몰려온 에스파냐인에게 사로잡혀 배에 실려 에스파뇨로 끌려가던 도중 풍랑을 만나 죽고 말았소. 다른 원주민 추장들이 에스파냐인이 가진 무력의 힘에 굴복해 노예의 길을 걸었던 것을 생각하면 내 남편 카오나보 추장은 스스로를 지키기 위해 용맹스럽게 투쟁한 진정한 전사였지요.

　　아나카오나가 남편의 억울한 죽음을 말하면서 끝내 눈물을 흘리자 방청석에서도 동요하듯이 고개를 끄덕이며 웅성거림이 일었다.

판사　　자, 모두 조용히 해 주십시오. 그러면 원고는 이런 에스파냐인들에 대해 어떤 태도를 보였나요?

아나카오나 　내가 콜럼버스를 처음 만난 것은 그가 에스파뇰라 섬의 내 관할 구역을 방문했을 때인 1496년 말이었소. 콜럼버스는 우리 땅에서 금이 거의 나지 않는다는 것을 알게 되었소. 그러자 에스파냐인들은 우리를 더 이상 공격하지 않겠다는 조건으로 식량과 목화를 제공할 것을 요구했고 우리는 그에 응했지요. 바로 1년 반 전에 콜럼버스가 200명의 병력을 이끌고 내 남편을 포함한 수천 명의 우리 동족 전사들을 마구 짓밟았는데도 말이오.

판사 　그래서 에스파냐인들과 당신 부족 간의 평화가 유지되었나요?

아나카오나 　우리 부족과는 얼마 동안은 평화가 유지되었지만, 에스파냐인들의 약탈과 만행으로 말미암아 다른 부족 원주민들의 저항은 계속되었지요. 이를 못마땅하게 여긴 3대 총독 니콜라스 데 오반도는 원주민들을 멸절시키려고 작정했다오. 그는 나를 비롯해 8개 소부족의 추장들이 모여서 잔치를 벌이고 있던 회합 장소를 공격해 불을 질렀소. 불길에서 간신히 몸을 피한 나와 타이노족의 지도자들은 곧 에스파냐인에게 붙잡혀 반란을 꾀했다는 엉뚱한 죄목으로 처형되고 말았지요. 그때 내 나이가 서른아홉에 불과했다오.

이대로 변호사 　그러니까 당신은 겉으로는 에스파냐인과 평화를 유지하는 척하면서 에스파냐인에게 저항할 음모를 꾸미고 있었던 것이군요.

멸절
멸망시켜 아주 없애버리는 것입니다.

친선
서로 간에 친밀하여 사이가 좋음을 뜻합니다.

아나카오나　그것은 에스파냐인들이 갖다 붙인 말도 안 되는 죄목이지요. 우리는 단순히 부족 간의 **친선**을 위해 잔치를 벌이고 있었던 것이란 말이오. 나중에 보니 미국에서도 인디언들이 자신들의 안녕을 바라는 기도를 하기 위해 모여서 전통적인 춤을 추는 것을 보고 백인들은 인디언이 자신들에 대한 전쟁을 모의한 것이라고 둘러대며 기병대를 보내 인디언들을 몰살시키기도 했더군요.

이대로 변호사　아니, 훗날 미국에서 벌어진 일을 왜 에스파냐인들의 행위와 연결 짓나요?

아나카오나　백인들이 원주민을 학살하기 위한 구실을 찾는 방식이 비슷하니까 하는 말이지요. 말이 나왔으니 하는 말인데, 오반도 총독은 콜럼버스보다도 한술 더 뜨는 흉악한 살인마였소. 콜럼버스가 처음 에스파뇰라에 왔을 때 우리 섬에는 약 50만 명의 타이노족이 있었는데, 오반도 총독이 지배하던 1507년에 우리 동족의 숫자는 고작 6만 명으로 줄어들고 말았다오. 그것은 에스파냐인이 수적으로 우세한 우리가 반란을 일으킬까 두려워 우리 동족을 마구 살해한 결과이지요. ▶그리고 에스파냐인 치하에서 노예로 부림을 당하면서 금을 캐기 위해 광산에서 죽어 간 우리 동족의 숫자는 이루 헤아릴 수 없을 정도라오. 이래도 콜럼버스를 비롯한 에스파냐인들이 약탈자이자 학살자라는 것을 믿지 못하겠소?

교과서에는

▶ 에스파냐의 지배하에서 원주민들은 가혹한 수탈과 에스파냐인이 옮긴 천연두, 파상풍 등으로 거의 멸종되다시피 하였습니다.

이대로 변호사　그게 어디 학살의 결과라는 말입니까? 대부분의 책에서는 에스파뇰라섬의 인구가 줄어든 것은 전염병 때문이라고 기록되어 있는데 말입니다.

아나카오나　물론 우리 동족은 에스파냐인이 유럽에서 옮겨 온 전염병에 걸려 나중에 훨씬 더 많이 죽어 갔지만, 그 전염병이 전파되기 이전에도 벌써 에스파냐인의 수탈과 학살로 말미암아 거의 멸절되어 가고 있던 상태였단 말이오. 그런 사실은 나중에 바르톨로메 데 라스카사스가 쓴 『서인도의 역사』에도 잘 나와 있으니 이대로 변호사도 한번 읽어 보시지요.

『서인도의 역사』 표지

　이대로 변호사는 아나카오나에게서 라스카사스라는 인물과 그가 썼다는 책의 이름을 생전 처음 들어 보는 것이라 얼굴이 화끈거렸다. 그러면서도 자신이 무식하다는 것이 탄로 날까 봐 부끄러운 생각에 더 이상 반론을 제기하지 못하고 자리에 앉았다. 방청객들도 라스카사스가 누구냐며 수군거렸다.

2

원주민들은 어떻게
노예가 되었을까?

판사 　라스카사스라는 인물이 콜럼버스의 만행을 역사의 기록으로 남겼다고 하니 흥미롭군요. 그의 증언을 들으면 콜럼버스의 행적에 대해 좀 더 자세히 알 수 있을 것 같은데, 원고 측 변호인 라스카사스의 증언을 들을 수 있나요?

김딴지 변호사 　역시 명판결로 유명한 판사님다우십니다. 그렇지 않아도 라스카사스 신부님을 이 자리에 모셨습니다.

　주로 청빈한 수도사로서의 삶을 살았던 라스카사스는 정갈한 수도복을 입고 법정에 출두해 조용하면서도 당당한 목소리로 선서를 마쳤다.

판사 증인은 에스파냐 사람인데도 아메리카 원주민들의 인권을 위해 평생을 바쳤다지요?

라스카사스 예, 그런 말을 듣기는 하지만 이제 와 돌이켜 보면 왜 목숨을 걸고 더 많은 노력을 기울이지 않았는가라는 생각에 부끄럽기 그지없습니다. 차라리 원주민들을 한 사람이라도 더 살리기 위해 투쟁을 하다가 순교라도 했어야 했는데 말입니다.

라스카사스

판사 이 자리는 증인의 후회를 듣기 위한 자리가 아니라 과연 콜럼버스가 약탈자이며 학살자인가를 밝히고자 하는 자리이니만큼 그 점에 대해 증인이 아는 대로 증언해 주기 바랍니다.

세비야
에스파냐 남부에 위치한 도시로 콜럼버스 신대륙 발견 이후 식민지 생산물의 유입으로 커다란 부를 누린 곳이지요.

개선장군
적과의 싸움에서 이기고 돌아온 장군을 이르는 말로, 비유적으로 어떤 일에 성공하여 의기양양한 사람을 가리킵니다.

라스카사스 내가 콜럼버스를 처음 본 것은 그가 제1차 항해를 성공리에 마치고 국왕 부부를 알현하기 위해 바르셀로나로 가는 길에 **세비야**에 들렀을 때였습니다. 그때 콜럼버스는 마치 **개선장군**처럼 서인도에서 데려온 원주민들과 앵무새를 이끌고 세비야 거리를 행진했습니다. 그때는 어린 나에게 콜럼버스 제독이 참으로 멋져 보였습니다.

판사 그런데 언제부터 콜럼버스에 대한 생각이 바뀌게 되었나요?

라스카사스 나는 1502년 오반도 총독이 부임할 때 에스파뇰라로 이주해 처음 몇 년간은 다른 에스파냐인들과 마찬가지로 토지와 함께 원주민을 부여받아 그들로부터 노동력을 착취하는 삶을 살았습니다. '위탁 통치 제도'라고도 부르는 엥코미엔다는 사실상 기독교 문명의 이름으로 에스파냐인들에게 원주민의 노동력을 거의 무료로 사용하도록 허가한 살인적인 강제 동원 제도였습니다. 나는 수많은 원주민이 금광에서 일하다 죽어 가는 모습을 보게 되었습니다. 그뿐만 아니라 '위탁 통치자'라고 부르는 엥코미엔데로들은 식량을 원주민을 억압하는 수단으로도 이용했습니다. ▶에스파냐인들은 원주민의 양식을 강제로 빼앗아 마구 소비했고, 나아가 경작지마저도 마구 짓밟아 버렸습니다. 그러다 보니 원주민들에게는 너무도 적은 양의 형편없는 식량이 공급되었습니다. 더욱이 부모가 광산으로 끌려간 어린이들은 돌봐 주는 사람 없이 마을에 남아 있다가 굶어 죽기도 했습니다. 내가 나중에 에스파뇰라를 떠나 쿠바에 머물던 3~4개월 동안 7000여 명의 어린이가 굶어 죽는 것을 직접 목격했으니까요.

판사 그것이 계기가 되어 원주민들을 보호하려고 나섰나요?

라스카사스 그렇다고 할 수 있지요. 나는 1510년에 가톨릭 신부가 되었는데, 아메리카에서 최초로 사제 서품을 받은 사람이기도 합니다. 그럼에도 나는 한동안 에스파뇰라에서의 위탁 통치 제도를 옹호했습니다. 하지만 1514년 구약성서의 외경 중 하나인『집회서』를 읽는 가운데 신세계에서 에스파냐인의 모든 활동은 불법적인 것이며 엄청난 불의라는 것을 깨닫게 되었습니다. 이후로 나는 에스파냐인들이 원주민을 노예화하고 학대하는 것에 대항해 투쟁을 시작했습니다.

이대로 변호사 하지만 제가 알아보니 증인은 원주민을

교과서에는

▶ 신항로 개척에 대해 프란체스코 데 비토리아는 에스파냐인들의 잔인한 행위를 고발하며 침략 행위라고 비판하였습니다.

노예로 삼아서는 안 된다고 주장하면서도 아프리카 흑인들을 노예
로 삼는 것은 괜찮다고 했더군요. 똑같은 인간인데 아프리카인은 노
예가 되어도 괜찮다는 말입니까?

라스카사스　예, 처음에 위탁 통치 제도하에서 노예처럼 혹사당하
고 학대받는 원주민을 구하겠다는 생각에 그 무렵 아프리카에서 끌
려와 노예로 일하게 된 흑인들에 대해서는 무관심했기에 그들이 노
예가 되는 것을 당연하게 생각했습니다. 이 점은 내가 흑인 노예제
의 실상을 잘 모르던 초창기의 실수였습니다. 그래서 나중에 흑인

신성 로마 제국
962년 독일의 오토 1세 이후로
1806년까지 존재했던 독일 제
국의 정식 명칭입니다.

노예제에 대해서도 반대를 했습니다.

판사　　그건 그렇다고 치고, 그럼 증인은 원주민을 위해 어떤 일을 했나요?

라스카사스　　나는 원주민의 노예화와 학대를 막기 위해서는 위탁 통치 제도를 없애야 한다고 생각했습니다. 그래서 에스파냐로 건너가 페르디난도 국왕을 알현하고 위탁 통치 제도를 없애 줄 것을 간청하려고 했습니다. 하지만 국왕이 뵙기도 전에 승하하시는 바람에 훨씬 뒤에 가서야 나중에 **신성 로마 제국**의 황제가 된 당시 에스파냐 국왕 카를로스 1세에게 위탁 통치 제도의 폐지를 건의했습니다. 그래서 한때 이 제도가 폐지되기도 했지요. 나중에 다른 이름으로 부활하긴 했지만요.

이대로 변호사　　위탁 통치 제도든 무엇이든 그것이 콜럼버스와 무슨 상관이 있단 말입니까? 공연히 알쏭달쏭한 제도를 들먹이며 콜럼버스를 이상한 사람으로 몰아가는 것 아닙니까?

김딴지 변호사　　상관이 없다니요? 제가 보기에는 큰 상관이 있지요. 제가 알아보니 그 제도들은 에스파냐인들이 신세계에 오기 이전부터 유럽에서 실시되어 왔던 제도였기에, 콜럼버스가 신항로를 개척하면서 함께 묻어 들어온 것이라고 할 수 있습니다. 어찌 되었거나 콜럼버스도 제2차 항해 때부터 이 제도를 적절하게 이용하여 경우에 따라 원주민들을 노예처럼 부리고 때론 노동을 통해 공물을 바치도록 강요했으니 말이지요. 그리고 콜럼버스가 제2차 항해를 마치고 에스파냐로 돌아갈 때 300명이 넘는 원주민을 끌고 간 것은 무엇을 의미하는 것이었겠습니까? 에스파냐 국왕 부부에게 이들을 노예로 부릴 수 있음을 보여 주려고 한 것 아닌가요?

이대로 변호사　판사님! 증인은 알고 보니 '인디언의 수호자'라는 공식 직함을 갖고 있던 인물입니다. 그러기에 원주민을 보호하고 대변해야 하는 책무를 수행해야 하는 직책에 따라 일방적으로 원주민 편을 들기 위해 콜럼버스를 일부러 악인으로 몰아가고 있습니다. 더 이상 편파적인 증언은 들을 필요가 없다고 생각합니다.

김딴지 변호사　판사님, 피고 측 변호인의 주장은 말도 안 되는 소리입니다. 증인은 처음에는 여느 에스파냐인과 마찬가지로 원주민을 착취하는 일에 종사했지만, 성경의 가르침으로 깨우침을 받아 자신의 죄를 깨닫고 이를 바로잡는 일에 앞장섰던 것입니다. 그런데도 피고 측 변호인은 증인의 직책을 문제 삼아 증언의 객관성을 의심하고 있는 것입니다.

판사　증인은 허위 사실을 증언할 경우 위증죄로 처벌받는다는 것을 잘 알고 있지요?

라스카사스　물론 잘 알고 있습니다. 내가 신세계로 갔던 해는 콜럼버스가 최초의 항해를 한 지 10년이 지난 때였습니다. 그때 이미 나는 콜럼버스가 원주민을 노예로 만들어 이들을 팔아넘길 계획도 갖고 있었다는 것을 알게 되었습니다. 콜럼버스는 1498년 제3차 항해로 에스파뇰라에 돌아왔을 때 제2차 항해 시에 대거 몰려간 에스파냐인들이 기대했던 만큼의 황금을 찾지 못한 것에 대해 불만을 토로하자 원주민을 노예로 만들어 팔 것을 제안했습니다. 나아가 콜럼버

탄핵
고위 관리를 처벌하거나 해임하는 것을 말합니다.

스는 원주민에게 세례를 주는 것도 허락하지 않았습니다. 왜냐하면 당시 가톨릭교회의 법은 기독교인을 노예화하는 것을 금지했기 때문이지요.

김딴지 변호사 증인의 말처럼 콜럼버스가 원주민을 노예로 삼았기 때문에 결국 3차 항해 기간에 이사벨라 여왕의 노여움을 사게 되어 쇠사슬에 묶인 채 에스파냐로 끌려오게 된 것이지요?

이대로 변호사 판사님, 이의 있습니다! 원고 측 변호인은 콜럼버스가 에스파냐로 소환당하게 된 이유를 단순히 원주민의 노예화로만 몰아가고 있습니다. 콜럼버스가 쇠사슬에 묶여 에스파냐에 소환된 것은 사실이지만, 그는 신세계에서 원하는 것을 얻지 못한 다른 에스파냐인들의 모함에 의한 것이지 원주민의 노예화 때문은 아니었습니다.

판사 이의를 인정합니다. 증인은 피고 측 변호인의 반론에 대해 어떻게 생각하시는지요?

라스카사스 에스파냐 국왕 부부는 오랫동안 콜럼버스를 신임했기 때문에 신세계에서 수시로 제기되는 그에 대한 탄핵 요구에도 별다른 반응을 보이지 않았습니다. 하지만 신세계에 가 있는 에스파냐인들의 탄핵 상소가 도착하기 전에 국왕 부부는 이미 콜럼버스의 통치권을 박탈하기로 마음먹었습니다. 그 이유는 콜럼버스가 대서양 서쪽에 있는 식민지에서 제대로 기능을 발휘하는 행정부를 구성하지 못해서 총독으로서 제 기능을 감당하지 못했다고 보았기 때문입니다. 그는 가혹한 조치를 취함으로써 식민지 이주자들의 분노를 샀을

뿐 아니라 사신과 행정관으로 있었던 동생 바르톨로메오에게 반기를 드는 이주자들을 굴복시키지도 못했던 것입니다. 그리고 궁극적으로는 이사벨라 여왕이 백성으로 생각했던 원주민들을 노예로 삼지 말라는 여왕의 뜻을 거스른 것도 그가 후원자의 눈 밖에 나게 된 이유라고 할 수 있습니다.

판사 그래서 사태가 어떻게 진행되었나요?

라스카사스 에스파냐 국왕 부부는 1499년 초에 프란시스코 보바디야에게 최고 재판관의 권한을 주어 에스파뇰라의 질서를 바로잡고 콜럼버스를 총독에서 해임시키도록 했습니다. 그리고 1500년 10월에 콜럼버스와 그의 동생은 체포되어 쇠사슬에 묶인 채 배에 실려 에스파냐로 끌려갔던 것입니다.

판사 그럼 에스파냐로 끌려간 콜럼버스는 어떻게 되었나요?

라스카사스 콜럼버스와 동생은 에스파냐에 도착해 6주 동안 감옥에 갇혀 있다가 간신히 국왕 부부를 알현하는 것이 허락되었습니다. 그 자리에서 콜럼버스는 자신이 누명을 쓰고 있기에 공정한 대우를 해 줄 것과 모든 지위와 권리를 회복시켜 달라고 간청했습니다. 이에 국왕 부부는 그에게 재산 소유권과 금 채굴 및 신세계 상품의 무역에 대한 그의 지분을 인정하는 친절을 베풀기는 했지만, 지위 및 권리 회복에 대한 요청에는 별다른 반응을 보이지 않았습니다. 그리고 마지막으로 제4차 항해를 후원할 것만 약속했습니다.

판사 그렇다면 콜럼버스의 운도 거기에서 끝났겠군요.

라스카사스 콜럼버스는 원래 신앙심이 깊은 편이었는데 국왕 부부의 반응에 실망한 후에는 더욱더 종교에 깊이 빠져들었습니다. 그러는 동안 콜럼버스는 자신이 인도를 발견했음을 암시하고 세계의 종말이 멀지 않았다는 자신의 주장을 뒷받침해 주는 것으로 보이는 글귀들을 성경책과 그 밖의 저술에서 찾아내 『예언서』라는 책을 집필했습니다.

판사 그것으로 끝입니까?

라스카사스 이 무렵에는 다른 유럽인들도 아메리카를 탐험해 콜럼버스가 신세계에서 발견한 수많은 섬 이외에도 새로운 거대한 땅덩어리가 대서양 건너에 있다는 사실을 속속 밝혀내고 있었습니다. 예를 들면 1497년에는 지오반니 카보토가 북아메리카 대륙을 탐험했습니다. 그리고 1499년에는 알론소 데 오헤다와 아메리고 베스푸치가 남아메리카 해안을 탐험하고 그곳이 콜럼버스가 주장한 것처럼 아시아가 아니라 새로운 땅임을 밝혀냈습니다. 베스푸치는 그곳의 이름을 조국의 도시 이름인 베네치아를 따서 '작은 베네치아'라는 뜻의 베네수엘라라고 붙였다고 합니다. 1497년에서 1499년 사이에는 바스코 다 가마가 아프리카 남단을 돌아 인도에 다녀왔으며, 1500년에는 페드로 알바레스 카브랄도 인도에 다녀오면서 가는 길에 우연히 남아메리카의 브라질을 발견하기도 했습니다.

판사 그러면 콜럼버스도 그 무렵에는 자신이 인도에 다녀오지 못했다는 것을 알았겠군요.

라스카사스 아닙니다. 콜럼버스는 이런 새로운 발견이 계속되는데도 자신이 서쪽 항로를 통해 인도 가까이에 다녀왔다고 굳게 믿었

왜 콜럼버스는 신항로를 개척했을까?

습니다. 그래서 그는 자신이 그때까지 항해해 보지 못한 쿠바 서쪽의
바다를 통해 인도로 갈 수 있다고 페르디난도 국왕을 설득해 제4차
항해에 나설 수 있었습니다. 그는 이 항해가 성공하면 자신이 박탈
당한 지위와 권리를 되찾을 수 있을 것이라고 기대했습니다.

김딴지 변호사   기록을 보니 콜럼버스는 그의 마지막 항해가 되었
던 제4차 항해에서 중앙아메리카에 있는 오늘날의 온두라스에 상륙
을 하고서도 그곳 역시 신대륙임을 깨닫지 못했더군요. 그리고 오히

난파
배가 항해 중에 폭풍우 따위를
만나 부서지거나 뒤집히는 것을
말합니다.

려 풍랑을 만나 오늘날의 자메이카 섬에서 거의 1년 동안이나 원주민에게 식량을 얻어먹으며 구사일생으로 살아남았다지요?

이대로 변호사　　판사님, 원고 측 변호인이 또 콜럼버스의 명예를 깎아내리기 위해 재판의 본질과 관계없는 말로 배심원단의 판단을 흐리게 하고 있습니다. 이를 바로잡아 주시기 바랍니다.

판사　　기각합니다. 콜럼버스가 난파를 당했을 때 원주민에게 도움을 받았다는 이야기는 중요할 수도 있다고 봅니다. 증인에게 묻겠습니다. 콜럼버스는 제4차 항해를 통해 어떤 성과를 거두었나요?

라스카사스　　난파당한 콜럼버스 일행이 자메이카 섬에서 뒤늦게 구조된 것은 에스파뇰라의 새 총독 오반도가 구조선의 파견을 일부러 몇 달 동안이나 미루었기 때문이었습니다. 오반도는 구조가 늦어져 콜럼버스가 죽게 되면 총독으로서의 자신의 지위가 확고해지리라고 생각했던 것입니다. 이렇듯 콜럼버스의 말년은 다른 사람들의 시기와 질투로 인해 점점 더 힘들어졌습니다. 콜럼버스는 1504년 10월 마지막 항해를 끝내고 에스파냐로 돌아왔는데, 인도로 가는 항로도 발견하지 못하고 이끌고 갔던 선박들마저 모두 잃고 돌아온 그를 반겨 주는 사람은 거의 없었습니다. 그나마 콜럼버스가 귀국한 지 두 달도 안 되어 이사벨라 여왕마저 사망하자 콜럼버스는 가장 강력한 후원자마저 잃은 셈이 되었습니다. 결국 콜럼버스는 1506년 5월 20일 이전의 지위와 권리를 회복하지 못한 채 55세를 일기로 두 아들과 동생이 지켜보는 가운데 바야돌리드에서 숨을 거두고 말았습니다.

판사　증인은 인노라고 불리넌 신세계에 대한 역사서를 집필한 사람답게 차분하게 콜럼버스의 행적을 증언해 주시는군요. 자, 이제까지 콜럼버스의 항해와 관련해 증언을 들었는데, 양측 변호인, 더 신문할 것이 있으십니까?

김딴지 변호사　없습니다.

이대로 변호사　오늘 재판은 원고와 원고 측 증언만을 일방적으로 들었기 때문에 제 의뢰인인 콜럼버스에 대해 부정적인 증언으로만 일관된 데 대해 무척 유감으로 생각합니다. 다음번 재판에서는 새로운 증인을 통해 제 의뢰인의 업적을 좀 더 상세히 밝힐 기회를 주시기 바랍니다.

판사　재판 일정과 진행 절차상 오늘 재판은 원고 측 증언만으로 심리를 진행하게 되었습니다. 다음번 재판에서는 피고 측 변호인 말처럼 피고의 공과가 제대로 밝혀지기를 기대하면서 오늘 재판은 여기서 마치기로 하겠습니다.

　땅, 땅, 땅!

공과
공로와 과실을 아울러 이르는 말입니다.

아메리카의 원주민

콜럼버스가 우연히 도착하게 된 오늘날 서인도 제도 일대의 섬들에 살고 있던 원주민은 주로 타이노족이었습니다. 이들은 광범위하게는 남아메리카에 살고 있던 아라와크 족의 친척이라고 할 수 있지요. 콜럼버스가 처음 오늘날의 아이티 공화국과 도미니카 공화국이 있는 에스파뇰라 섬에 도착했을 때 그 섬에는 5개의 타이노 추장 국가가 있었습니다. 본 법정의 원고로 나선 아나카오나 추장은 에스파뇰라섬 서남쪽 하라구아 지역의 추장이었지요.

타이노족이 카시크라고 부르는 추장은 구아닌이라고 하는 금목걸이를 하고 있었다고 합니다. 부족민들은 대체로 나무 기둥 둘레에 짚으로 엮은 벽에 야자 잎으로 초가를 덮은 원형의 가옥에서 살았습니다. 반면에 추장과 그 가족은 주민들의 가옥과 동일한 재료로 지어진 나무로 된 현관이 있는 직사각형의 가옥에 거주했습니다. 타이노족의 마을에는 이런 가옥들 중앙에 광장이 있어서 이곳에서 각종 놀이, 축제, 종교 의식, 공식 행사 등을 치렀습니다. 에스파냐인들이 도착할 즈음에 타이노족의 거주지 중 가장 큰 지역에는 3000명 이상이 살고 있었다고 합니다.

타이노 부족은 모계 중심 사회를 형성하고 살았습니다. 그들은 고구마와 유사한 카사바 또는 유카를 경작하며 농업을 위주로 살았지만, 고기잡이와 사냥도 겸했다고 합니다. 재미있는 것은 오늘날 우리가 쓰는 용어 중 몇몇 단어들이 타이노족의 언어에서 왔다고 합니다. 예를 들면 타이노 부족의 단어 중

'바르바코아'에서 바비큐, '하마카'에서 해먹, '카노아'에서 카누, '타바코'에서 토바코(담배), '유카' 또는 '바타타'에서 고구마(sweet potato), '후라칸'에서 허리케인 등의 단어가 에스파냐어를 거쳐 영어로 옮겨진 말이라고 합니다.

타이노족 마을을 복원한 모습

이들이 고기잡이와 섬과 섬 사이를 오가는 수단으로 사용한 것은 카누였습니다. 이런 카누의 크기는 매우 다양해서 2인용에서부터 150명까지 탈 수 있는 대형 카누도 있었다고 합니다. 보통 평균적인 크기의 카누는 대개 15명에서 20명이 탈 수 있는 정도였습니다.

타이노족이 에스파냐인을 만나기 전까지 이들에게 가장 무서운 존재는 바로 인근 섬에 살고 있던 카리브족이었습니다. 왜냐하면 카리브족은 매우 싸우기를 좋아해서 수시로 타이노족을 공격해 남자들을 죽이고 여자들을 잡아가곤 했기 때문이지요. 콜럼버스의 오해로 엉뚱한 이름이 붙은 오늘날 서인도 제도가 있는 바다를 카리브해라고 부르는데, 바로 그 이름이 카리브족에서 유래한 것이랍니다.

카리브족이 유명해지게 된 것은 그들이 유럽인들에게 식인종이라고 잘못 알려지면서부터였습니다. 콜럼버스 일행이 이들의 존재에 대해 처음 알게 된 것은 타이노족을 통해서였습니다. 그때 타이노족은 콜럼버스 일행에게 카리브족이 식인 풍습을 갖고 있다고 알려 주었습니다. 그리고 실제로 콜럼버스도 카리브족의 마을을 발견했을 때 그곳에서 죽은 원주민들의 팔다리 또는 머리 등이 있는 것을 목격했습니다. 그래서 에스파냐인들은 카리브족이 틀림없는 식인종이라고 생각했던 것입니다. 결국 이런 소문이 유럽에 전해지면서 영어로 '카니발(cannibal)'이라는 단어가 '식인'을 뜻하는 말이 되고 말았습니다. '카니발'의 어원인 카리브족의 단어 '카리브나'는 '사람'을 뜻하는 말인데도 말이지요.

카리브족에 대해 이런 오해가 생겨나게 된 것은 이들의 전쟁 의식에서 비롯된 것입니다. 왜냐하면 카리브족은 전쟁을 치른 후 일종의 전승 기념물로 패배자들의 팔다리를 가지고 갔기 때문이지요. 또한 카리브족의 다른 이름인 카리나고 사람들은 자신의 용기를 보여 주기 위해 용맹한 전사의 살 한 점을 씹은 다음에 뱉어내는 관습이 있었는데, 이를 식인 풍습으로 오해한 것이라고

카리브족의 모습

할 수도 있습니다. 이와 더불어 이사벨라 여왕이 1503년에 칙령을 통해 식인 풍습이 있는 사람들만을 노예로 삼을 수 있다고 공표하자, 에스파냐인들은 이를 이용해 원주민들을 식인종으로 몰아 그들의 땅을 빼앗고 노예로 삼기 위한 훌륭한 구실을 만들어 내기도 했습니다. 최근에는 영화 〈캐리비안의 해적 2: 망자의 함〉에서 카리브족을 식인종으로 묘사한 것에 대해 그 후손들이 강하게 비난했다고 합니다.

다알지 기자

　　조금 전 아나카오나 대 콜럼버스의 2차 재판이 끝났습니다. 오늘은 주로 콜럼버스가 과연 약탈자이며 원주민을 죽음으로 몰았는가를 밝히는 데 초점이 맞춰졌습니다. 원고인 아나카오나는 콜럼버스가 저지른 만행에 대해 상세하게 증언을 했습니다. 이번 재판에서 밝혀진 새로운 사실은 아나카오나의 남편이 카오나보였으며, 그가 에스파냐인의 만행에 대항해 저항을 하다가 체포되어 에스파냐로 끌려가던 길에 풍랑을 만나서 죽었다는 것입니다. 에스파냐인의 약탈에 대해 원주민의 저항도 만만치 않았다는 것을 보여 주는 사례였습니다. 또한 아나카오나 추장도 아무런 이유 없이 억울하게 에스파냐인에게 처형당했다고 하니 얼마나 깊은 한이 맺혔을지 짐작하게 합니다. 그리고 '원주민의 수호자'로 추앙받는 라스카사스 신부의 증언은 같은 백인이면서도 콜럼버스에게 불리한 증언을 하여 주목을 받았습니다. 자, 저기 양측 변호인들이 나오고 있는데요. 오늘의 소감을 한마디씩 들어 보겠습니다.

김딴지 변호사

　　재판 첫째 날과는 달리 오늘 재판에서는 아나
카오나 추장과 라스카사스 신부의 증언을 통해 콜
럼버스가 알려진 것과 다르게 원주민들에게 얼마나
많은 나쁜 짓을 했는지를 낱낱이 밝힐 수 있게 되어 무척 만족스럽게
생각합니다. 콜럼버스는 황금을 찾겠다는 탐욕스런 마음으로 자신을
환대해 준 원주민들의 재산을 약탈하고 그들의 노동력을 마구 착취했
으며, 심지어 그들의 생명을 앗아 가기까지 했습니다. 나아가 콜럼버
스는 원주민들을 노예로 만들어 강제 노동을 시키는가 하면 노예로 팔
아먹을 생각까지 했던 악랄한 인간이었습니다. 오늘 재판을 통해 배심
원단도 콜럼버스가 얼마나 흉악한 범죄를 저지른 사악한 인간임을 잘
알게 되었을 것으로 판단합니다.

이대로 변호사

제가 조금 전 법정에서도 지적했듯이 오늘은 원고와 원고 측 증인의 일방적인 주장만으로 재판이 진행되었습니다. 따라서 제 의뢰인에게 지극히 불리한 증언만으로 일관되어 공정한 재판이었다고 말하기가 힘듭니다. 그래도 아나카오나 추장의 남편인 카오나보 추장이 최초의 에스파냐 정착민들을 몰살시킨 장본인이었다는 것을 밝혀낸 것은 소득이라고 할 수 있습니다. 콜럼버스가 원주민들에게 강경한 태도를 보이게 된 것도 이 사건의 경험에서 비롯된 것 아니겠습니까? 그런데도 아나카오나 추장은 자신들이 피해자인 양 배심원들에게 동정심을 구하고 있습니다. 법정은 진실을 밝히는 자리이지 눈물로 호소하는 자리가 아닌데도 말입니다. 사실 오늘 조금 밀리기는 했지만 다음번 재판에서는 콜럼버스의 업적을 드러내 보여 줌으로써 만회할 수 있을 것으로 생각합니다.

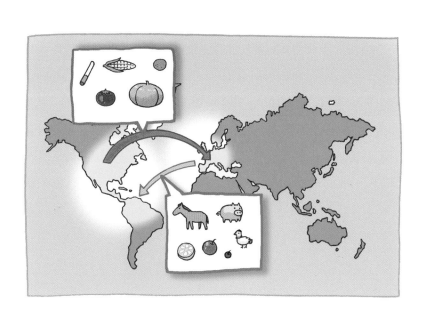

콜럼버스의 탐험 이후 무엇이 전파되었을까?

1. 신세계와 구세계는 어떤 문물을 교환했을까?
2. 원주민들이 전염병에 걸린 이유는 무엇일까?

신세계와 구세계는
어떤 문물을 교환했을까?

'아나카오나 대 콜럼버스' 사건의 마지막 재판이 열리는 날. 역사 공화국 세계사법정에는 전과 마찬가지로 수많은 기자와 방청객으로 발 디딜 틈이 없었다.

"자네 지난 재판에서 라스카사스 신부가 증언하는 것을 보았지?"

"그래, 에스파냐 사람인데도 원주민의 인권을 위해 노력한 사람이 있다는 것이 놀랍더군."

"맞아. 나도 라스카사스 신부를 보면서 깨달은 게 많네. 대단한 사람이야."

소란스러운 가운데 법정 서기가 자리에서 일어서더니 소리쳤다.

"조용히 해 주세요! 모두 일어서 주시기 바랍니다!"

판사　이제부터 '아나카오나 대 콜럼버스' 사건의 마지막 재판을 진행하겠습니다. 지난번 재판에서는 콜럼버스가 과연 원주민의 약탈자이며 원주민 학살과 노예화를 주도했는가에 초점이 맞춰졌습니다. 오늘은 과연 콜럼버스의 신대륙 발견으로 인해 신세계와 구세계가 얻은 것은 무엇이며 잃은 것은 무엇인지 따져 보고자 합니다. 그럼으로써 콜럼버스가 이 두 세계를 위해 기여한 것이 있는지, 아니면 두 세계를 모두 망쳐 놓았는지를 알아보고자 합니다. 그럼 오늘은 콜럼버스가 신·구세계를 위해 기여한 바가 많다고 주장하는 피고 측 변론을 듣기로 하겠습니다.

이대로 변호사　역사에서는 '만약'이라는 말이 성립되지 않는다고 하지만, '만약 콜럼버스가 없었더라면' 과연 오늘날 세계 최강대국이라는 미국이 있을까라고 할 정도로 그가 세계 역사에 끼친 영향은 이루 말할 수 없이 크다고 할 수 있습니다. 그래서 미국도 자기 나라를 있게 한 사람이 콜럼버스라는 것을 잘 알기에 건국할 무렵에 국가의 명칭을 '아메리카 합중국'이 아니라 '콜럼비아 합중국'이라고 붙이는 문제를 놓고 심각하게 고민했다고 합니다. 비록 그것이 현실화되지는 못했지만, 결국에는 남아메리카에서 에스파냐의 식민지였다가 독립한 콜롬비아 공화국이 콜럼버스의 이름을 따서 나라 이름을 정하지 않았습니까? 이렇듯 아메리카 대륙에 있는 국가들이 콜럼버스를 기리는 이유가 무엇이겠습니까? 그것은 바로 콜럼버스가 자기들을 그 자리에 있게 만든 위대한 인물이기 때문입니다.

김딴지 변호사　이의 있습니다, 판사님! 피고 측 변호인은 역사에서 성립되지도 않는 만약이라는 말을 들먹이며 콜럼버스의 죄과를 가리고 그를 추켜세우려고 하고 있습니다.

판사 피고 측 변호인이 만약이라는 말로 서두를 꺼내기는 했지만, 틀린 말은 아니기에 기각합니다. 피고 측 변호인은 변론을 계속하십시오.

이대로 변호사 원고 측에서는 제 의뢰인의 허물만을 끄집어내 그를 죄인으로 몰아가고 있지만, 콜럼버스의 항해로 인해 신세계와 구세계가 얼마나 풍요로워졌는가를 알면 그런 이야기는 더 이상 하지 못할 것입니다. 이를 구체적으로 증언해 줄 증인으로 에스파냐의 위대한 정복자 에르난 코르테스를 모시도록 하겠습니다.

피고 측 변호인이 코르테스를 증인으로 부르겠다고 하자 방청석에서 술렁거리기 시작했다.

"이 변호사가 코르테스를 증인으로 부르다니, 실수하는 것 아냐?"

"그러게 말이야. 코르테스는 멕시코의 아즈텍 문명을 파괴한 장본인 아닌가?"

그 순간 소수의 에스파냐 병사들을 이끌고 당시 찬란한 문명을 자랑하던 아즈텍 제국을 정복하고 수도 테노치티틀란을 파괴한 코르테스가 온갖 거드름을 피우며 등장해 선서를 마친 뒤 증인석에 앉았다.

판사 저는 증인이 악명 높은 에스파냐의 '정복자' 중 한 사람인 것

나에 대해 정복자나 파괴자라는 호칭보다는 나의 조국 에스파냐를 위해 일한 문명의 전파자라고 불러 주시오.

증인석

으로 알고 있는데 맞습니까?

코르테스　예, 역사가들은 우리를 '정복자'라고 부르더군요. 그 칭호도 나쁘지는 않지만 나는 스스로 정복자라고 불리기보다는 '우월한 문명과 새로운 산물의 전파자'라고 불러 주었으면 합니다.

판사　어떤 점에서 그렇다는 것이지요?

코르테스　이대로 변호사가 콜럼버스의 신세계 발견과 관련해 나를 증인으로 세운 이유가 무엇이겠습니까? 우리 에스파냐인들이 콜럼버스의 항해 이후 아메리카 대륙에 얼마나 많은 기여를 했는가를

안하무인
눈 아래에 사람이 없다는 뜻으로,
방자하고 교만하여 다른 사람을
업신여기는 것입니다.

나를 통해 하나도 남김없이 밝혀 보라고 부른 것 아닙니까?

판사   그럼 어떤 점에서 기여를 했는지 상세하게 증언해 보시지요.

코르테스   앞서 재판을 지켜보니 콜럼버스는 신대륙 발견이라는 위대한 업적을 이룩해 놓고서도 자신을 변호하는 데 소극적인 점이 참으로 아쉬웠소. 아마 그것은 그가 조국 이탈리아가 아니라 우리 에스파냐 제국의 대리인으로 일했고, 자신이 끝까지 인도에 다녀왔다고 생각했기 때문이라고 생각하오. 나는 위대한 제국 에스파냐인으로서 조국과 신성 로마 제국의 황제 카를로스 5세를 위해 제국의 영토를 넓히고 인디언에게 문명을 전파한 것에 대해 커다란 자부심을 느끼고 있소.

김딴지 변호사   판사님, 이의 있습니다. 증인은 이미 후대 역사가들로부터 정복자로서 아즈텍 문명을 철저하게 파괴한 인물로 평가받고 있습니다. 그런데도 증인은 자신의 과오를 눈물로 반성해야 할 자리에서 안하무인 격으로 자신이 문명의 전파자인 양 행세하고 있습니다.

판사   인정합니다. 이 자리는 증인이 주장하는 업적을 따지기 위한 자리가 아니니 증인은 에스파냐인이 과연 신세계에 어떤 기여를 했는가에 대해 증언해 주기 바랍니다.

코르테스   좋소. 우리 에스파냐가 이사벨라 여왕의 선구적인 안목에 힘입어 외국인인 콜럼버스의 무모하다 싶은 항해를 지원해 주었다는 것은 여러분도 잘 알고 있을 것이오. 덕분에 에스파냐는 카리브해의 여러 섬과 나아가 아메리카 대륙의 대부분을 식민지로 확보할 수 있었소. 그와 더불어 수많은 에스파냐인이 식민지에 정착하기 위해 속속 대서양을 건넜소. 나도 이에 뒤질세라 1504년 당시 열여덟 살밖에 되지 않은 어린 나이에 에스파뇰라로 건너갔다오.

원시인
미개한 사회의 사람을 일컫는 말입니다.

김딴지 변호사　증인은 그 어린 나이에도 황금에 눈이 어두워 한몫 잡아 보겠다는 생각으로 대서양을 건넜으니 본래부터 탐욕스러운 사람이었군요.

이대로 변호사　판사님! 원고 측 변호인은 증언의 신뢰도를 떨어뜨리기 위해 증인을 모욕하고 있습니다.

판사　모욕까지는 아니지만 기분 나쁘게 들릴 수 있으니 원고 측 변호인은 발언에 주의해 주기 바랍니다. 그리고 증인은 개인 신상에 관한 발언보다는 에스파냐인이 신세계에 어떤 기여를 했는가에 초점을 맞추어 주기 바랍니다.

코르테스　이제부터 참 신나는 무용담을 펼칠 참인데……. 좋소! 내 다 말하리다. 내가 카리브해 일대의 섬들을 다녀 보니 인디언의 생활은 말 그대로 원시적이라고 할 수밖에 없었소. 원고인 아나카오나 추장의 차림새를 보아 알겠지만, 그게 뭐요? 제 몸 하나 가릴 줄도 모르고 거의 벌거벗은 채로 살고 있었으니 말이오. 그런데 우리 에스파냐는 이런 원시인들에게 이들이 갖고 있지 못한 많은 것을 유럽에서 가져다주었소. 우선 우리는 신세계에 말과 당나귀를 비롯해소, 돼지, 양, 염소, 닭 등의 가축을 가져다주었소. 신세계에 가 보니 가축이라고는 개와 야마라는 염소 비슷한 동물밖에는 없었소. 특히 말은 내가 아즈텍인하고 싸울 때 몇 마리가 도망쳤는데, 그것이 북아메리카 대륙 전체로 퍼져 야생마가 되었다더군요. 그걸 나중에 북아메리카 인디언들이 길들여 사냥과 전쟁에 요긴하게 이용했다고 들었소.

김딴지 변호사　그걸 마치 당신네들이 원주민을 위해 가져다준 것처럼 말하고 있으니 기가 막히는군요. 말은 당신네들이 정복을 위해 타고 다니려고 가져간 것이고, 나머지 가축은 식량으로 쓰기 위해 가져간 것이 아닌가요?

코르테스　목적이야 어떻든 우리가 유럽에서 신세계로 가져다준 것만큼은 틀림없는 사실이잖소. 누이 좋고 매부 좋으면 된 것이지 뭔 말이 그렇게 많소? 우리가 신세계에 전파한 것은 동물뿐이 아니라오. 우리는 아메리카에 사탕수수를 비롯해 밀, 보리, 귀리, 콩, 아마 등의 농작물도 전해 주었소. 에스파뇰라에서 보니 원주민들은 고작해야 카사바라고 마 비슷한 것과 대륙에서는 옥수수 정도를 주식으로 삼고 있더군요. 그 밖에 유럽의 과일도 많이 전해 주었소. 올리브, 레몬, 오렌지, 라임, 사과, 살구, 체리, 배, 무화과 등 생각만 해도 입에 침이 도는 맛있는 과일들을 모두 우리가 전해 주었단 말이오.

김딴지 변호사　증인은 구세계에서 신세계에 전파된 것만을 말하고 있는데, 당신들이 아메리카에서 유럽으로 가져간 산물도 많지 않습니까? 왜 자신들에게 유리한 것만 이야기하는지요?

판사   그 부분도 매우 중요하다고 할 수 있겠습니다. 증인은 에스파냐인들이 아메리카에서 가져간 산물에 대해서도 증언해 줄 수 있나요?

코르테스   물론이오. 콜럼버스의 첫 항해 이후에 신세계에서 담배가 전파되었소. 당신들도 잘 알겠지만 담배라는 게 얼마나 해로운 식물이오? 우리는 그때 담배가 얼마나 해로운 것인지 잘 몰라서 마구 피워 댔지만, 요즘 사람들은 담배가 암을 유발하고 백해무익한 것이라고 해서 금연 운동까지 벌이고 있지 않소? 나는 예순이 조금 넘은 나이에 늑막염으로 죽고 말았지만 그렇지 않았더라면 담배 때문에 폐암에 걸려 죽었을 거요.

김딴지 변호사   증인은 지금 신세계에서 구세계로 전파된 산물 중에서 이로운 것은 쏙 빼놓고 해로운 것만 지목해서 자신들이 마치 신세계에 큰 도움을 준 것처럼 이야기하고 있네요.

코르테스   그거야 뭐, 신세계의 산물 중 오늘날 세계에서 가장 문제되는 것이 담배이기 때문에 생각나서 한 말이오. 그 밖에도 우리는 옥수수, 감자, 호박, 토마토 등을 유럽으로 가져와 전파하기도 했소.

이대로 변호사   바로 그것입니다. ▶콜럼버스의 신대륙 발견의 커다란 업적 중의 하나가 바로 당시까지 신세계에서만 자라던 옥수수, 감자, 호박, 토마토 등이 유럽 및 전 세계로 전파되는 계기를 마련해 주었다는 점이지요.

코르테스   참! 그러고 보니 우리가 신세계에서 가져간

백해무익
해롭기만 하고 하나도 이로울 것이 없다는 말입니다.

교과서에는

▶ 신항로의 개척 후 새로운 산물의 반입으로 유럽의 일상생활은 한층 풍요로워지고, 경제는 비약적으로 발전하였습니다. 동방으로부터 차와 면직물이 전해졌고, 신대륙으로부터 담배, 감자, 코코아, 옥수수 등이 전래되었습니다.

산물이 당시 세계에 얼마나 중요한 기여를 했는지에 대해
이야기하는 것을 깜빡했소. 당시까지만 해도 유럽인이 주
식으로 삼던 밀을 비롯한 곡물류는 주기적인 가뭄이나 흉
년으로 수확량이 팍 줄어들 때가 많았소. 그리고 경작지는
한정되어 있었고 획기적인 농업 기술도 발달하지 않은 때라 더 이상
생산량도 늘지 않았다오. 그런데 우리 에스파냐인이 신세계에서 병
충해에도 강하고 생산성이 매우 높은 옥수수와 감자를 전파함으로
써 유럽인들은 오랜 세월 이어져 내려온 굶주림에서 벗어날 수 있었
다오. 옥수수와 감자는 잘 정돈된 평야 지대의 농경지가 아니라 척

박한 곳에서도 잘 자라기 때문에 유럽에서 만성적으로 부족했던 식량 문제를 해결해 주었던 것이오.

판사 그래서 어떤 결과가 초래되었나요?

코르테스 유럽에서의 식량 문제 해결은 인구의 급격한 증가를 가져다주었다오. 나중에 통계를 보니 우리가 신대륙을 개척하기 전에는 세계 인구가 두 배로 늘어나는 데 약 1000년이 걸렸는데 그 이후에는 단지 300년밖에 걸리지 않았다고 하오. 그게 다 우리 에스파냐인이 아메리카 대륙을 식민지로 개척했던 결과가 아니겠소?

참! 한 가지 더 말하고 싶소. 역사공화국 법정에 와서 보니 판사와 변호사, 그리고 배심원 모두 한국 사람들이던데, 당신들은 특히 우리 에스파냐의 정복자들, 아니 문명의 전파자들에게 감사해야 할 거요.

판사 아니? 한국인들이 에스파냐 정복자들에게 고마워해야 할 일이 뭐가 있나요?

코르테스 당신네들이 즐겨 먹고 요즘에 와서 세계인들도 그 맛을 알게 된 음식이 김치 아니오? 그 김치에 없어서는 안 될 맵디매운 고추를 멕시코에서 유럽으로 가져간 사람들이 바로 우리 에스파냐인이라오. 그것도 모르고 콜럼버스를 약탈자 운운하면서 법정에 세우다니 한심한 사람들이군!

김딴지 변호사 판사님! 이의 있습니다. 증인은 유럽인들이 자신들의 필요에 의해 아메리카에서 가져간 산물로 굶주림을 면하고도 마치 그것을 자신들의 업적인 양 과장하고 있습니다. 찬란하기 그지없

었고 어떤 면에서는 유럽의 문명보다도 더 우월했던 아즈텍, 마야, 잉카 문명을 무자비하게 짓밟아 놓고서도 말입니다.

판사　동기야 어찌 되었건 에스파냐인이 유럽에 전파한 아메리카의 산물로 인류가 굶주림에서 벗어나고 식탁이 풍요롭게 되었으니 그것도 커다란 기여라고 할 수 있겠습니다. 이의를 기각합니다. 하지만 원고 측 변호인은 에스파냐인이 원주민의 문명을 짓밟았다고 하는데, 이에 대해 증인은 답을 해 주시지요.

코르테스　인디오의 문명이 찬란했고 유럽의 문명보다 우월했다고요? 참! 기가 막히는군. 내가 멕시코의 아즈텍 제국에 가서 보니 그들이 제국을 건설한 과정은 우리와 크게 다를 바 없었소. 그들도 우리와 마찬가지로 인근 부족을 정복해 피정복민들을 약탈함으로써 엄청난 부를 축적한 거였소. 그러고 나선 그 부를 바탕으로 제국의 수도로써 웅장한 신전, 궁전, 공공 건물이 즐비한 테노치티틀란을 건설했다고 하오. 하지만 내가 보기에는 유럽의 궁전과 대성당에 비교해 보았을 때 모두 다 초라해 보였을 뿐이오.

김딴지 변호사　　아니, 증인은 테노치티틀란을 직접 보고도 어떻게 그런 말을 하십니까? 테노치티틀란은 당시 인구가 10만 명이 넘는 대도시로써 그 무렵 유럽 최대의 도시라고 하는 파리의 인구와 맞먹을 정도였고, 웅장한 건물들과 정교한 건축술을 보여 주고 있었는데 말입니다.

코르테스　　뭘 잘 모르시는 말씀이오. 인구가 많고 건물만 웅장하게 지어 놓으면 무슨 소용이 있단 말이오. 내가 보니 엄청난 크기의 돌을 이용해 가장 커다랗게 지어 놓은 건축물이라고 해 봐야 이상한 귀신들을 섬기는 신전이었소. 그래서 나는 테노치티틀란을 정복한 다음에 그 건축물들을 모조리 부숴 버리고 그 자리에 다시 거대하고 아름다운 성당과 수도원 건물을 지었소. 그때 신전들을 파괴하면서 나온 잘 다듬어진 돌들을 성당 건축 재료로 요긴하게 사용하기는 했지만. 그 자리가 오늘날의 멕시코의 수도인 멕시코시티가 된 거라오.

김딴지 변호사　　그러니까 아즈텍 문명을 파괴했다는 것은 인정하시는군요.

코르테스　　파괴라? 파괴라면 파괴일 수도 있겠지요. 하지만 그것

아즈텍의 신전을 부수고 성당을 만들자!

은 새로운 문명을 건설하기 위한 '창조적 파괴'라는 것이오. 콜럼버스의 신항로 개척의 동기가 그랬듯이 우리 에스파냐인들이 식민지를 개척하고자 한 목적 중 하나가 이교도들을 기독교인으로 개종시키는 것이었소. 따라서 무지몽매하게 잡다한 신들을 섬기는 인디오들을 기독교로 개종시켜 문명사회로 이끈 것은 지금 생각해도 참 자랑스러운 일이었소.

김딴지 변호사   증인은 에스파냐의 대표적인 정복자 중 한 사람으로서 **프란시스코 피사로**와 더불어 원주민 문명을 철저하게 파괴한 장본인임에도 전혀 반성할 줄 모르는군요.

이대로 변호사   판사님, 이의 있습니다. 원고 측 변호인은 증인이 자신의 신앙심으로 인디언들을 기독교로 개종시키고자 한 노력을 비난하고 있습니다.

판사   이의를 인정합니다. 원고 측 변호인, 이 자리는 증인의 행동을 밝히려는 재판이 아니라는 점을 명심하고 주의해 주기 바랍니다. 증인은 더 할 말이 없습니까?

코르테스   조금 전에 김 변호사가 피사로와 나를 동급으로 비교하는 말을 했는데, 기회가 주어진 김에 바로잡고 싶소. 에스파냐 정복자 중에서 가장 악랄한 인물을 꼽는다면 내가 아니라 바로 프란시스코 피사로라고 할 수 있소. 그런데 그런 인물과 나를 같이 취급하는 건 심히 불쾌하오.

판사   오호, 그래요? 그 이유가 무엇인지요?

코르테스   피사로는 잘 알려져 있다시피 황금의 제국이라고 알려진 오늘날 페루의 잉카 제국을 정복한 인물이라오. 그런데 피사로는 잉카 제국을 정복하는 과정에서 아주 야만적이고 몰상식한 일을 많이 저질렀소. 당시 피사로는 단지 200명의 에스파냐 병사들을 이끌고 잉카 제국에 쳐들어가 8만 명의 대군을 거느린 잉카 황제 아타우알파를 포로로 잡는 데 성공했소. 물론 그것이 가능했던 것은 우리에게 성능이 좋은 무기가 있었기 때문이오. 그러자 아타우알파는 자신을 풀어 준다면 인질 대금으로 가로 7미터 세로 5미터 크기의 방 중에서 한 방에는 황금으로, 나머지 두 방에는 은으로 채워 주겠다

무지몽매
아는 것이 없고 사리에 어두운 것을 뜻하는 말입니다.

프란시스코 피사로
잉카 제국을 정복하였으며, 현재 페루의 수도인 리마의 건설자입니다.

고 약속했소. 그리고 아타우알파는 신하들을 시켜 그 약속을 지켰다오. 그런데도 피사로는 아타우알파를 풀어 주겠다는 약속을 헌신짝처럼 버리고 다른 핑계를 대면서 그를 처형하고 말았소. 그러니 같은 정복자라도 나보다 훨씬 사악한 인물인데, 어찌 그를 나와 비교한단 말이오.

김딴지 변호사   들어 보니 도토리 키 재기인데, 뭐가 다르다고…….
판사님! 재판의 본질과 관계없는 증인의 개인적인 변명을 더 이상 들어줄 필요가 없다고 생각합니다.

판사   좋습니다. 증인 수고하셨습니다. 이제 자리로 돌아가셔도 됩니다.

코르테스의 증언이 끝나자 방청석에서는 다시 여기저기서 웅성거림이 들려왔다. 그중에는 아즈텍인의 후손으로 보이는 멕시코인과 잉카인의 후손으로 보이는 페루인 방청객들은 코르테스의 뻔뻔스러움에 주먹 쥔 손을 부르르 떨며 분을 참느라 애쓰기도 하고 더러는 고함을 질러 댔다.

2

원주민들이 전염병에 걸린
이유는 무엇일까?

판사   지금까지 콜럼버스의 신대륙 발견으로 인해 신·구세계가 어떤 것을 얻었는가에 대해 알아보았습니다. 그럼 이제부터는 잃은 것은 무엇이었는지 알아보도록 하지요. 이번에는 원고 측 변호인부터 시작하십시오.

김딴지 변호사   소장에도 나와 있고 앞서 재판에서도 잠시 언급되었듯이, 사실 콜럼버스의 죄과 중 가장 큰 죄는 그가 인종 대량 학살을 가져온 장본인이라는 점입니다.

이대로 변호사   판사님! 이의 있습니다. 원고 측 변호인은 제 의뢰인을 역사상 히틀러나 스탈린처럼 수백만 명에서 수천만 명의 무고한 사람들의 학살을 지시한 인종 대량 학살자와 같은 반열에 놓으려고 하고 있습니다. 피고에게 죄가 있다면 고작해야 반항하는 원주민

영아
젖을 먹는 아주 어린아이를 뜻
합니다.

호도
풀을 바른다는 뜻으로, 명확하
게 결말을 내지 않고 감추거나
흐지부지 덮어 버리는 것을 비
유적으로 이르는 말입니다.

이나 에스파냐 정착민 몇 명 정도를 죽이도록 명령하거나
처벌한 정도인데 말입니다.

판사   일단 원고 측 변호인의 말을 끝까지 들어 보도록
하지요.

김딴지 변호사   우선 인구학적 통계를 이용해 콜럼버스
의 신항로 개척 이후 아메리카 인구에 어떤 변화가 있었는
지 알려 드리도록 하겠습니다. 콜럼버스가 에스파뇰라에
식민지를 건설할 무렵에 타이노족의 인구는 25만 명 정도로 추정됩
니다. 하지만 이후 30년도 되지 않아서 70퍼센트 가량의 타이노족
이 죽고 말았습니다. 물론 에스파뇰라에서는 수많은 타이노족이 에
스파냐인의 착취에 저항하기 위한 방법으로 자살의 방식을 택한 것
도 인구 감소의 원인이기는 했습니다. 타이노족 남성들은 에스파냐
인에게 지배를 당하거나 끌려가는 것을 거부하여 절벽에서 뛰어내
리거나 독초를 먹고 죽어 갔고, 여성들은 일부러 유산을 하거나 영
아들을 죽이는 방식으로 저항을 했습니다. 하지만 타이노족을 비롯
한 카리브해 일대의 수많은 원주민이 죽어 간 이유는 바로 콜럼버스
의 신세계 도착 이후 유럽에서 옮겨 온 치명적인 전염병들 때문이었
습니다.

이대로 변호사   아니, 치명적인 전염병을 옮겨 왔다니요? 판사님!
원고 측 변호인은 에스파냐인이 의도적으로 인디언을 죽이기 위해
일부러 전염병을 옮긴 것처럼 사실을 호도하고 있습니다. 에스파냐
인이 마치 일종의 세균전을 펼친 것처럼 말입니다.

판사　원고 측 변호인이 의도적이라거나 세균전을 연상시키는 표현을 하지 않았기에 이의를 기각합니다. 원고 측 변호인은 계속하세요.

김딴지 변호사　콜럼버스의 신세계 도착 이후에 퍼지기 시작한 전염병은 카리브해 지역에만 머물지 않았습니다. 이후 에스파냐의 정복자들을 통해서 전염병은 아메리카 대륙의 여러 지역으로 퍼져 나갔습니다. 그리고 그 결과는 매우 끔찍할 정도로 참혹한 것이었습니다. 최근의 인구학적 연구에 따르면, 콜럼버스의 도착 이후 신세계

속수무책
손을 묶은 것처럼 어찌할 도리가
없어 꼼짝 못한다는 말입니다.
치사율
어떤 병에 걸린 환자에 대한 그
병으로 죽는 환자의 비율을 말
합니다.

에서 전염병으로 사망한 원주민의 숫자가 90~95퍼센트에 달한다고 합니다. 그러니 콜럼버스를 인종 대량 학살자라고 부르는 것은 당연하지요.

이대로 변호사   아니, 그게 왜 콜럼버스의 탓이라는 겁니까? 콜럼버스가 직접 그 전염병들을 옮긴 것은 아니지 않습니까? 그리고 제가 알아본 바에 따르면 인디언들이 속수무책으로 죽어 간 이유는 전염병에 대한 면역력이 없어서 그랬다고 되어 있던데요.

김딴지 변호사   물론 엄밀하게 따지면 콜럼버스의 잘못이라고는 할 수 없겠지요. 하지만 콜럼버스가 에스파냐인들을 비롯한 유럽인들을 신세계로 인도하지 않았다면, 원주민들이 유럽에 만연했던 그런 질병에 걸려 그렇게 무참히 죽어 가지는 않았겠지요. 유럽에서 신세계로 옮겨 간 치명적인 전염병에는 천연두, 홍역, 인플루엔자, 티푸스 등 말만 들어도 소름끼치는 무시무시한 전염병들이었습니다. 그중에서 원주민에게 결정적으로 엄청난 피해를 가져다준 것은 천연두였습니다. 왜냐하면 피고 측 변호인의 말처럼 원주민들에게는 천연두에 대한 면역력이 전혀 없었기 때문이었습니다.

이대로 변호사   그것 보시오. 원주민들에게 천연두에 대한 면역력이 없었던 것이 콜럼버스의 탓은 아니잖습니까?

김딴지 변호사   유럽에서는 수천 년 동안 천연두가 발병해 왔기 때문에 유럽 사람들은 천연두에 대해 어느 정도의 면역력을 가질 수 있었습니다. 그래서 천연두가 발병해도 치사율이 높기는 하지만 병에 걸리더라도 전신에 나타나는 발진과 고열에 시달리다가 낫기도 하지요. 물론 얼굴에 우묵우묵한 흉터가 남아 우리가 곰보라고 부르는 사람들이 있기도 했지요. 당시 신세계를 제외한 전 세계에서 천연두로 인한 치사율이 10퍼센트였다면 면역력이 없던 원주민에게는 걸렸다 하면 95퍼센트의 사망률을 보였기 때문에 무시무시한 질병이었던 것입니다. 제가 말하고자 하는 요지는 이런 끔찍한 질병을 신세계에 전파시킨 원인 제공자가 바로 콜럼버스라는 것입니다.

이대로 변호사   원인 제공자라고 해서 그 사람을 주범으로 몰아가는 법이 어디 있습니까?

김딴지 변호사   이 변호사는 정말 하나만 알고 둘은 모르는 사람이군요.

이대로 변호사   아니, 뭐라고요? 이 사람이 정말?

판사   자! 자! 양측 변호인은 흥분을 가라앉히시기 바랍니다. 우리 역사공화국의 세계사법정에서는 역사적 사건에 대한 원인 제공자가 누구인지도 세심하게 따져 보는 것이 필요합니다. 그래야 역사의 시시비비를 제대로 가릴 수 있기 때문입니다. 원고 측 변호인은 계속하시지요.

김딴지 변호사   콜럼버스 이후 아메리카에 전파된 천연두, 홍역, 인플루엔자, 티푸스 등은 멕시코를 거쳐 중앙 및 남북아메리카로 퍼져 나갔습니다. 그리고 북아메리카의 동부 연안 지대는 17세기 초 그곳에 식민지를 건설한 영국인들에 의해 전파되었습니다. 그 결과 17세기 초 매사추세츠 지역에서만 원주민의 90퍼센트가 천연두로 인해 희생되기도 했습니다. 전체적으로 보아서는 북아메리카 동부에서 원주민의 절반 또는 3분의 2 정도가 유럽인과 접촉한 지 100년 이내에 전염병에 희생된 것으로 보고되고 있습니다.

판사 원주민들에게는 참으로 엄청난 희생을 가져다주고 말았군요.

김딴지 변호사 그것만이 아닙니다. 앞서 피고 측 증인으로 나왔던 코르테스가 소수의 병력만으로도 아즈텍 제국을 정복한 것을 자랑스레 이야기했지만, 사실 알고 보면 아즈텍 제국이 그렇게 힘없이 무너지게 된 것도 근본 원인은 천연두 때문이었습니다. 이를 증언해 줄 증인으로 아즈텍 제국의 황제였던 몬테수마를 모시고자 합니다.

판사 몬테수마라? 아하! 코르테스에 의해 테노치티틀란이 함락될 때 황제였던 인물 말입니까?

김딴지 변호사 그렇습니다.

판사 그럼, 증인을 부르시지요.

몬테수마 2세

몬테수마는 머리에는 깃털이 달린 황금으로 된 관을 쓰고 한 손에는 방패와 다른 손에는 황제를 상징하는 기다란 지팡이를 들고 나타났다. 건장하고 다부진 체격의 몬테수마는 망토를 걸쳤지만, 허리춤에 걸친 화려한 문양의 천을 제외하고 상체와 하체가 다 드러나 있었다. 잘 발달된 몬테수마의 상체 근육과 복근을 본 방청객 중 일부 여성들의 입에서 감탄사가 터져 나왔다.

위용
위엄 있는 모양이나 모습을 뜻
합니다.

판사　　증인이 수도 테노치티틀란을 중심으로 아즈텍 제
국의 절정기를 이룬 황제 몬테수마입니까?

몬테수마　　그렇소이다. 오늘날에는 나를 몬테수마라고 부르지만,
우리 아즈텍의 나와틀 부족어로는 모테크소마라고 발음한다오.

판사　　원고 측 변호인의 말로는 아즈텍 제국이 코르테스가 이끄는
소수의 에스파냐인에게 맥없이 무너진 것이 천연두 때문이라고 하
는데 맞나요?

몬테수마　　그렇소. 그 얘기보다 먼저 코르테스에 대한 얘기를 좀
하겠소. 나는 1519년 11월 코르테스가 600명의 병사와 15문의 대
포를 이끌고 테노치티틀란 입구에 왔을 때 그를 따뜻하게 맞아주었
소. 나는 그에게 앞면은 금으로 뒷면은 은으
로 장식된 둥그런 방패 모양의 아즈텍 달력
을 선물로 주었다오. 그것은 우리 아즈텍 제
국의 전통이자 외교적 관습이었소. 그리고
나는 그를 테노치티틀란의 중심부로 데리고
와 몇 달간 머무르게 했소. 내 생각에는 코르
테스가 우리 제국 수도의 위용과 수적으로
우세한 우리 전사들을 보면 기가 죽어 우리
에게 굴복할 것으로 생각했지요. 하지만 그
것은 나의 결정적인 판단 착오였소.

아즈텍 달력

우리 아즈텍 제국에 온 것을 환영하오.

내가 가진 황금과 병사들을 보았으니 기가 죽었겠지?

판사   그럼 그때 에스파냐인들에 의해 천연두가 전염된 것인가요?

몬테수마   바로 그때는 아니었고 그보다는 조금 뒤의 일이었소. 나는 코르테스의 세력을 약화시키기 위해 부하들을 시켜 비밀리에 해안에 남아 있던 코르테스의 병사들을 공격했다오. 하지만 이 사실이 코르테스에게 알려지는 바람에 나는 오히려 인질로 잡혀 내 궁전에 갇히는 신세가 되고 말았소. 그때 코르테스가 200여 명의 병사들을 남겨 놓고 잠시 테노치티틀란을 떠난 사이 코르테스의 부관이 이끄는 에스파냐 병사들이 신전에서 내 백성들을 마구 살해하는 바람에 그들과 우리 사이에 전투가 벌어졌소. 보고를 받은 코르테스는 테노치티틀란으로 서둘러 돌아와 휴전을 청했지만 오히려 수적으로 우세한 아즈텍 전사들의 반격에 못 이겨 그동안 약탈해 놓은 황금도 챙기지 못한 채 황급히 도망치고 말았소.

판사   그러면 결국 아즈텍인들이 승리를 거둔 셈이네요?

몬테수마   그래야 했는데 최종적인 결과는 그렇지 못했소. 나는 에스파냐인들과 우리 전사들이 전투를 벌이는 와중에 코르테스에게 우호적으로 대하고 결국에는 인질로 사로잡히고 말았다는 이유로 1520년 7월 1일에 백성들이 던진 돌에 맞아 죽었다오. 일단 퇴각했던 코르테스는 군대의 전열을 가다듬어 테노치티틀란을 오랫동안 포위하며 식량 공급을 차단하는 전략을 펼쳤소. 테노치티틀란은 호수 위에 만든 인공섬에 건설한 도시였기에 방어하기는 좋았지만 장기간의 포위 전술에는 매우 취약했소. 바로 그 무렵에 테노치티틀란을 비롯해 제국 전체에 천연두가 창궐하면서 우리의 전력이 매우 약화되었다오. 그래서 결국 코르테스의 군대는 손쉽게 제국의 수도를 정복하고 이름마저도 멕시코시티라고 바꾸고 말았소.

김딴지 변호사   그러니까 아즈텍 제국이 붕괴된 요인 중에서 천연두가 큰 비중을 차지했다고 할 수 있겠네요.

몬테수마   당연히 그렇소. 그 무렵에 천연두로 인해 죽어 간 우리 제국의 백성이 무려 15만 명이나 된다오.

이대로 변호사   판사님, 이의 있습니다. 증인의 말에서도 드러나듯

창궐
못된 세력이나 전염병 따위가 세차게 일어나 걷잡을 수 없이 퍼지는 것을 말합니다.

이 코르테스가 아즈텍 제국을 정복할 수 있었던 것은 그의 탁월한 지략과 우월한 무기, 그리고 몬테수마의 어리석음에 따른 것인데, 원고 측 변호인은 이를 오로지 천연두 때문인 것처럼 몰아가고 있습니다.

판사   아즈텍 제국의 몰락 원인에서 천연두가 차지하는 비중이 적지 않다고 보이기에 이의를 기각합니다. 피고 측 변호인은 이의 제기만 하지 마시고 반대 신문할 것이 있으면 해 주시기 바랍니다.

이대로 변호사   좋습니다. 원고 측 변호인과 증인은 구세계에서 신세계로 전파된 전염병에 대해서만 강조하고 있습니다. 하지만 아메리카에서 유럽을 거쳐 전 세계로 전파된 몹쓸 질병에 대해서는 아무런 언급도 하지 않았습니다. 이것을 보면 인디언들이 교활하게도 유럽인에게 복수를 한 것처럼 보이는데, 원고 측은 고의적으로 이런 간교한 행위를 은폐하고 있습니다.

김딴지 변호사   아니, 복수라고요? 그리고 간교한 행위라니요?

이대로 변호사   아! 김 변호사는 아직 제 말이 끝나지 않았으니 진득하니 기다려 주시기 바랍니다. 콜럼버스 일행이 신세계에 당도하자마자 인디언들이 이들에게 옮긴 몹쓸 병이 있었습니다. 그건 다름 아닌 매독이라는 성병 중에서도 아주 고약한 성병이었지요. 에스파냐인들이 자신들도 모르는 사이에 전염병을 옮겼다고 인디언도 똑같이 그것도 입에 담기조차 싫은 음탕한 질병을 옮긴다는 것이 말이 됩니까? 원고 측 증인, 이에 대해 할 말 있으면 해 보시지요?

몬테수마   그게 우리가 일부러 옮긴 질병이란 말이오?

이대로 변호사　　일부러 옮긴 것이 아니라면 왜 콜럼버스 일행이 신세계에 다녀오자마자 유럽에는 없던 질병이 나타나 전 세계로 빠르게 퍼졌나요?

몬테수마　　내 말은 그 병이 천연두나 홍역처럼 아무나 걸리는 병이 아니라는 말이오. 매독이 왜 그때까지 유독 우리 대륙에만 있었는지는 잘 모르겠지만, 그 병은 육체적 관계로만 전파되는 것이기 때문에 성적 접촉을 조심하면 전혀 걸릴 이유가 없는 병이지 않소? 오늘날에도 에이즈라는 해괴한 질병이 있다지만, 그것도 개인이 성적 접촉을 조심하면 걸리지 않듯이 말이오. 다시 말하면 에스파냐인들이 아메리카에 도착해서 원주민 여성에게 저지른 야수 같은 범죄 행위로 말미암아 그 병에 걸리게 된 것이잖소.

이대로 변호사　　적반하장도 유분수지. 에스파냐인들이 그 몹쓸 병에 걸리게 된 것이 인디언에게서 옮아온 것인데도 야수 같은 범죄 행위 때문이라고요?

몬테수마　　그렇소. 에스파냐인들은 아메리카에 도착하자마자 황금을 찾으러 다니는 시간 이외에는 원주민 여성들을 겁탈하느라 정신이 없었소. 그러니 그런 몹쓸 질병에 걸리고 만 것이오. 더욱이 에스파냐인들의 원주민 여성들에 대한 성적 착취로 말미암아 메스티소라고 하는 혼혈인들이 생기게 되어 원주민의 고유한 혈통을 흐려 놓은 사람들이 누구인데 그런 말을 하는 것이오? 오늘날 중남미에서 원주민의 고유한 혈통을 가진 사람들은 소수에 불과하고 대부분의 중남미 국가에서 메스티조가 총인구의 60~70퍼센트를 차지하게

만든 것도 에스파냐인과 포르투갈인들 아니었소?

몬테수마의 증언에 방청석이 소란스러워졌다. 원망 섞인 방청객들의 분위기에 당황한 이대로 변호사의 얼굴이 붉어졌다.

이대로 변호사   이만, 원고 측 증인에 대한 반대 신문을 마치겠습니다.
판사   원고 측 변호인은 또 다른 질문 없으신가요?

김딴지 변호사   증인으로 출석해 주신 몬테수마 황제께서 워낙 증언을 잘해 주셔서 저는 더 이상 덧붙일 것이 없습니다.

판사   증인은 이제 자리에서 내려가셔도 됩니다.

판사는 내려가는 증인의 뒷모습을 잠시 쳐다본 다음 법정 안을 돌아보며 말을 이었다.

판사   오늘 재판에서 피고 측에서는 콜럼버스의 항해로 양대 세계가 서로 갖지 못했던 문물을 교환하게 됨으로써 풍요로워지고 문화와 산업의 발전을 가져왔다고 주장했습니다. 반면에 원고 측에서는 문물만 교환한 것이 아니라 치명적인 전염병들이 유럽에서 자신들의 땅에 전파됨으로써 수많은 원주민이 이 질병들에 희생되었다고 했습니다. 이제 재판은 원고와 피고의 최후 진술만을 남겨 놓고 있습니다. 잠시 휴식 시간을 가진 뒤에 원고와 피고의 최후 진술을 듣도록 하겠습니다.

땅, 땅, 땅!

다알지 기자

　　조금 전 '아나카오나 대 콜럼버스'의 재판이 모
두 끝났습니다. 제가 이제까지 역사공화국 세계사
법정 취재를 해 본 중에 원고 측과 피고 측의 법정 공방
이 여느 재판보다 훨씬 더 치열했다는 생각이 드는데요. 마지막 재판
에서는 콜럼버스의 신대륙 발견이 과연 세계사적으로 어떤 의미를 지
니는가에 대해 중요한 내용들이 많이 다루어졌다고 할 수 있습니다.
세 차례에 걸친 재판으로 콜럼버스가 과연 원고 측 주장대로 사기꾼,
약탈자, 노예 상인, 인종 대량 학살의 주범인가의 여부가 종합적으로
평가될 것 같습니다. 재판이 진행될수록 흥미진진한 증언들이 이어져
왔기에 이미 전 세계의 시청자들이 과연 배심원들과 재판부가 어떤 결
정을 내릴지에 대해 숨을 죽이고 지켜보고 있습니다. 아, 저기 양측 변
호사들이 연방 대법원 건물 계단을 내려오고 있습니다. 먼저 김딴지
변호사에게 마이크를 돌리겠습니다.

왜 콜럼버스는 신항로를 개척했을까?

김딴지 변호사

여러분도 재판 과정을 지켜보아서 아시겠
지만, 콜럼버스는 우리가 알아 왔던 것처럼 신대
류 최초의 발견자도 아닐뿐더러 오히려 개인적 욕심
을 채우기 위해 불확실한 가정에 기초하여 에스파냐 왕실을 속이고 배
를 지원받아 항해에 나섰던 인물입니다. 그리고 그는 정작 인도도 아
닌 곳을 인도라고 우기며 원주민들을 약탈했고, 그것도 모자라 원주민
들을 노예로 만든 사람이기도 합니다. 나아가 콜럼버스는 일부러 그런
것이 아니라 할지라도 유럽에서 만연하던 끔찍한 전염병을 신세계에
옮겨 헤아릴 수 없이 많은 원주민을 몰살당하게 만든 원인 제공자이
기도 합니다. 그러니 그가 저지른 죄과는 반드시 역사공화국 법정에서
응징되어야 합니다. 나아가 역사적 진실을 외면하고 콜럼버스의 신대
류 발견의 업적만을 강조하는 역사 교과서들에 대한 대대적인 수정이
이루어져야만 한다고 생각합니다. 그래야만 억울하게 죽어 간 수많은
원주민의 원혼을 달래는 길이 될 것입니다.

이대로 변호사

　　재판 과정에서도 잘 나타났지만, 콜럼버스는 누가 보아도 세계사적으로 위대한 선각자였다는 것을 의심할 수 없는 인물입니다. 그가 아니었다면 과연 누가 목숨을 걸고 그 험한 대서양을 건너 서쪽으로 항해할 생각을 했겠습니까? 오랜 세월에 걸쳐 자신이 수집한 자료, 그것도 당시 시대적 상황에서 부정확하기 이를 데 없는 자료에 의지해 아무도 하지 않으려는 일을 과감하게 밀어붙인 결과 신대륙 발견이라는 위대한 업적을 이룩한 사람을 위인이라고 부르지 않으면 그 누구를 위인이라고 부를 수 있겠습니까? 선각자가 가는 길에는 때론 희생도 따르고 무리수를 두는 경우도 발생합니다. 다시 말하면 역사상 위인을 평가할 때 이후 세계가 결과적으로 얼마나 더 나아졌는가를 갖고 판단해야 한다고 봅니다. 콜럼버스의 신대륙 발견으로 세상이 더 넓어지고 더 발전하게 된 것은 틀림없는 사실입니다. 그런 점에서 콜럼버스는 역사상 몇 안 되는 위대한 인물로 영원히 남아 있어야 한다고 생각합니다.

원주민에게 저지른 만행에 대해
진심으로 사과해야 해요
vs
누가 뭐래도 나의 위대한 발견이
역사의 새 지평을 열었소

판사   자, 이제 배심원의 평결을 앞두고 원고와 피고의 최후 진술을 들도록 하겠습니다. 마지막 진술이니만큼 양측 모두 최선을 다해 주시기 바랍니다. 먼저 원고의 최후 진술을 들은 다음에 피고의 최후 진술을 들도록 하겠습니다.

아나카오나   존경하는 판사님, 그리고 배심원 여러분! 나와 우리 부족은 콜럼버스 일행이 평온하게 살고 있는 우리 섬에 처음 도착했을 때 그들에게 음식을 제공하고 그들이 원하는 금붙이까지 선물로 주면서 따뜻하게 환대했지요. 나아가 아메리카 대륙에 살고 있던 원주민들도 우리와 마찬가지로 그들을 먼 곳에서 찾아온 진귀한 손님으로 맞이했어요. 왜냐하면 우리는 평화를 사랑하고 손님을 따뜻하게 맞이하는 관습을 지키며 살아왔기 때문이오. 그런데도 그들은 우리를 만나자마자 황금이 있는 곳이 어디인가를 캐물으며 약탈을 일삼고 부녀자들을 겁탈하고 다녔지요. 그 결과 우리 고유한 원주민 혈통은 단절되고 대륙 전체가 혼혈인들로 뒤덮이게 되었어요.

그들은 또 우리를 노예로 삼아 금과 은이 묻혀 있는 광산으로 내몰았어요. 한마디로 콜럼버스 일행은 선을 악으로 갚는 사악한 인간들이었어요. 그뿐만 아니라 그들은 우리에게 조상 대대로 믿어 온 우리의 신들을 섬기지 못하게 하는 한편 자신들이 믿는 유일신을 섬기라고 강요했어요. 그 결과 오늘날 히스패닉 또는 라티노라고 불리는 중남미인 대부분이 전통적인 종교를 상실하고 가톨릭 교인이 되고 말았지요.

그뿐만이 아닙니다. 콜럼버스 일행이 자기들 세계에서 옮겨온 무시무시한 전염병은 저들의 약탈과 학살에서 살아남은 원주민들마저도 죽음으로 내몰았어요. 그 바람에 대부분의 원주민은 거의 멸종 상태에 도달해 오늘날 원주민 고유 혈통을 지닌 사람들은 극소수에 불과하게 되었지요. 이들을 굳이 찾아보자면 아마도 아마존의 밀림이나 안데스산맥의 오지, 그리고 미국과 캐나다의 이른바 인디언 보호구역에서나 찾아볼 수 있을 정도예요.

실상이 이러한데도 역사는 오늘날까지 콜럼버스를 위대한 신대륙의 발견자로 칭송하고 있지요. 그리고 미국 같은 나라에서는 아예 콜럼버스가 우리 땅에 상륙한 날을 기려 '콜럼버스의 날'이라고 해서 기념하고 있어요. 우리에게는 그날이 바로 원주민 멸망의 날이 시작된 날인데 말이지요. 참으로 억울하고 한스럽기 그지없어요.

왜 콜럼버스는 신항로를 개척했을까?

앞서 재판에서 콜럼버스로부터 비롯된 수많은 죄상이 낱낱이 드러난 만큼, 배심원단의 현명한 판단으로 이제라도 왜곡된 역사적 진실이 바로잡히기만을 바랄 뿐이에요. 그리고 아무런 죄도 없이 죽어간 수많은 원주민 혼령을 위로하기 위해 콜럼버스의 동상들이 서 있는 자리에 원주민 위령탑을 세워 줄 것을 바라는 바입니다.

콜럼버스 존경하는 판사님 그리고 현명하신 배심원 여러분! 아나카오나 추장이 최후 진술에서 억울하고 한스럽다고 했는데, 나 역시 바로 그런 심정이라오.

나는 이제까지 한 번도 내 자신이 위대한 신대륙의 발견자라고 우쭐댄 적도 없고 그런 주장을 한 적도 없소. 앞서 증언에서도 다 밝혔듯이 나는 죽을 때까지도 인도 근처에 다녀왔다고 믿었던 사람이니 말이오. 그런데도 후대의 역사가들이 나를 신대륙의 발견자라고 칭하고, 또 나의 항해로 인해 신대륙을 지배하게 된 후대 사람들이 나를 추앙하고 기념하는 것에 대해 내가 뭐라고 할 수 있겠소. 그건 그들 마음이니 내가 이래라 저래라 할 수 없는 일이라고 생각하오.

더더욱 억울한 것은 나를 사기꾼, 약탈자, 노예 상인, 인종 대량 학살자로 몰아가는 원고 측의 그야말로 말도 안 되는 억지 주장이라오. 나는 여러 해에 걸친 엄청난 자료 수집과 연구를 통해 얻은 결과를 토대로 대서양 서쪽으로의 항해를 통해 인도나 중국, 아니면 최소한 오늘날의 일본인 지팡구에 갈 수 있다고 굳게 믿었소. 그리고 나는 이를 단순히 실천에 옮겼을 뿐이오. 한국 속담에도 '모로 가도 서울만 가면 된다'라는 말이 있다고 들었소. 나는 비록 인도나 중국에 도달하지는 못했지만 에스파냐 왕실에 약속했던 대로 황금 획득과 기독교 전파라는 사명을 완수했소. 그런데 내가 어찌 사기꾼이라는 말이오.

나는 또한 원주민들을 약탈하거나 노예로 삼을 생각이 전혀 없었소. 나는 처음부터 원주민들을 서양의 중세적 관습에 따라 공물을 바치고 부역을 시키려고 했을 뿐이오. 하지만 이런 방식이 잘 먹혀들어가지 않았기 때문에 때론 조금 무리하다 싶은 강제적인 방식을 동원하기는 했소. 하지만 이후에 에스파냐인들이 자행한 본격적인 인디오 약탈과 노예화는 나와는 상관없는 일이라고 생각하오.

마지막으로 나는 내 손으로 파리 한 마리 죽여 본 적이 없는 사람이오. 그런데 나보고 인종 대량 학살자라고 하니 참으로 어이가 없소. 내가 일부러 전염병을 옮겼다면 나에게 그런 죄목을 뒤집어씌워도 달게 받겠소. 하지만 내가 알지도 못하는 사이에 눈에 보이지도 않는 병균이 옮아간 것을 왜 내 탓으로 돌린단 말이오? 이건 정말 억울하기 짝이 없는 일이오. 다만 내가 의도한 일은 아니었다 하더라도 나로 말미암아 그토록 많은 원주민이 전염병으로 죽어 갔다고 하니 유감으로 생각하오.

아무튼 모든 것이 다 밝혀진 상황이니 판사님과 배심원들의 현명한 판단을 기대할 뿐이오.

판사　네, 지금까지 원고 아나카오나와 피고 콜럼버스의 최후 진술을 잘 들었습니다. 자신의 입장에 대해 진지하게 진술해 주신 두 분께 감사드립니다. 배심원의 평결문은 일주일 뒤에 본인에게 전달될 예정입니다. 본 법정은 이를 참고해 다시 일주일 뒤에 판결문을 공표하도록 하겠습니다. 그때까지 시간적 여유를 두고 방청객 여러분도 이 사건에 대해 음미해 보신 후 나름대로 현명한 판결을 내려 보시기 바랍니다. 이상으로 모든 재판을 마치도록 하겠습니다.

땅, 땅, 땅!

역사공화국 세계사법정 재판 번호 28 아나카오나 VS 콜럼버스

주문

본 법정은 원고 아나카오나가 피고 콜럼버스에 대해 제기한 여러 죄목의 소송에 대해 다음과 같이 판결한다. 첫째, 피고 콜럼버스의 사기죄에 대해서는 무죄를 선고한다. 둘째, 피고 콜럼버스의 원주민 약탈 행위 및 노예화에 대해서는 원고 일부 승소 판결을 내린다. 셋째, 피고 콜럼버스의 인종 대량 학살 죄목에 대해서는 피고의 책임 유무가 불분명하므로 소송을 기각한다.

판결 이유

사기죄란 사람을 속여서 재물을 받거나 재산상의 이익을 취득함으로써 성립하는 범죄를 말한다. 그런데 피고 콜럼버스는 에스파냐의 이사벨라 여왕과 페르디난도 국왕 부부에게 중국이나 인도 또는 일본으로 갈 수 있는 대서양 서쪽 항로 개척을 조건으로 배 세 척과 선원, 그리고 항해에 필요한 물자를 지원받았다. 이와 더불어 대양의 제독이라는 칭호와 새로운 영토의 총독이라는 직위뿐 아니라 여러 가지 경제적 이득을 취할 수 있는 특권을 부여받았다. 이 점에서 피고는 재물을 받고 재산상의 이익을 취했다고 볼 수 있다. 여기서 문제가 되는 것은 피고가 과연 에스파냐 국왕 부부를 속였는가 하는 점이다. 본 재판부는 콜럼버스가 의도한 대로 중국이나 인도에 도달하지는 못했지만 그것이 애초부터 국왕 부부를 속일 생각으로 진행된 일이 아니기에 사기죄에 대해 무죄를 선고한다.

약탈이란 사전적 의미로 폭력을 써서 남의 것을 억지로 빼앗는 것을 말한다. 콜럼버스의 경우 약탈죄가 아닌 강도죄에 해당한다고 할 수 있다. 피고는 자신이 원주민에게 직접 폭행이나 협박을 가하지 않았다고 항변하지만, 원주민의 물건을 강제로 취했고 이 과정에서 콜럼버스의 지시가 없이는 불가능했을 것으로 보기에 유죄를 선고한다. 원주민의 노예화에 관해서는 당시에 제도로서의 노예제가 존재하고 있었고 이를 처벌하기 위한 법적 근거가 없기에 원고의 소송을 기각한다.

법적인 의미에서 집단 학살의 정의는 1948년 국제연합(UN)에서 이루어진 집단 학살죄의 방지와 처벌에 관한 협약 제2조에 근거한다. 이 협약에서 집단 학살이란 민족, 종족, 인종, 종교 집단의 전체나 일부를 파괴할 의도로 행해진 범죄를 말한다. 이 협약에 근거해 보았을 때 피고가 전염병을 원주민에게 전파해 인종 대량 학살을 저지를 의도가 있었는가가 매우 중요하다. 하지만 콜럼버스와 에스파냐인이 고의적으로 전염병을 전염시켰다는 증거를 찾아보기 힘들기 때문에 이 역시 원고의 소송을 기각하는 바이다.

역사공화국 세계사법정 담당 판사 정역사

"역사에서는 늘 승자만이
기념되어야 하는가?"

　　김딴지 변호사는 몇 주간에 걸친 재판이 끝났다는 안도감에 새삼
스레 가슴을 쓸어내렸다.

　　갑자기 미국 여행 중에 우연히 보았던 글귀가 떠올랐다. 그것은
'법 아래에서의 평등한 정의'라는 문구였다. 김 변호사는 과연 이번
재판에서도 법 아래에서의 평등한 정의가 이루어졌는가 하고 곰곰
이 생각해 보았다.

　　어떤 이는 역사란 흐르는 강물과도 같아서 한 번 지나가 버린 역
사적 사건은 결코 되돌릴 수 없는 것이라고 했는데, 김딴지 변호사
는 과연 이번 재판을 통해 콜럼버스의 과오를 제대로 밝히고 원주민
들의 한 맺힌 원혼을 달래 줄 수 있었는가를 돌이켜 보았다. 치열했
던 법정 공방을 통해 새로이 알려지게 된 사실들이 과연 역사 교과

서의 서술을 바꾸고 콜럼버스에 대한 세상 사람들의 인식을 변화시킬 수 있을 것인가?

이런저런 생각에 잠겼던 김딴지 변호사가 자리에서 일어나려던 참이었다.

"김 변호사님!"

낯익은 목소리가 들려왔다.

"누구? 아하, 아나카오나 추장님이시군요."

"에고, 김 변호사님! 미안해요. 저 때문에 휴가도 못 즐기시고."

"하지만 괜찮습니다. 추장님이 아니었으면 좋은 의미든 나쁜 의미든 세계를 뒤바꿔 놓은 인물이라고 할 수 있는 콜럼버스와 한판 승부를 펼칠 수 없었을 테니까요. 그나저나 콜럼버스에 대한 모든 죄목에서 압승을 거두었어야 했는데 극히 부분적인 승리만 거두어서 추장님과 원주민들에게 죄송합니다."

"아니, 그런 말씀 마세요. 어쨌거나 이번 재판을 통해 나는 콜럼버스가 세상 사람들이 아는 것처럼 신항로 개척으로 인류 전체에게 좋은 결과를 가져다준 것만은 아니라는 것을 확실히 밝힐 수 있었던 것만으로도 만족해요."

"그래도 저는 변호사로서 재판을 통해 더 큰 성과를 거두었어야 하는데 그러질 못한 것 같아 송구스럽습니다."

"그나저나 김 변호사님이 나 때문에 휴가를 제대로 보내지 못하셨으니, 대신에 내가 김 변호사님을 모시고 어디론가 안내를 할까 해요."

"어디를 가시려고요?"

"자! 잠시 눈을 감고 나를 따라 해 보세요. 호이, 호이, 앗싸라비아!"

김 변호사는 아나카오나 추장이 무슨 일을 벌이려는 걸까 하고 의아해 하면서도 호기심에 눈을 감고 이상한 주문 같은 말을 따라 했다.

"호이, 호이, 앗싸라비아!"

"자! 이제 눈을 뜨세요."

김 변호사가 눈을 뜨니 '이게 무슨 일인가' 싶었다. 순식간에 사방이 탁 트이고 끝없는 평원이 펼쳐진 어느 언덕 위에 서 있는 것이 아닌가.

"아니? 아나카오나 추장님! 방금 전에 저에게 무슨 짓을 하신 겁니까?"

"놀라지 마세요. 우리는 영혼이 모여 사는 역사공화국에 있잖아요. 내가 방금 주문을 외워 순간 이동을 해 지금 미국 몬태나주의 리틀 빅혼이라는 곳에 와 있어요."

"리틀 빅혼이라니요? 여기는 무슨 일로 저를 데리고 왔나요?"

"김 변호사님은 1876년 수 족 인디언 전사들이 조지 암스트롱 커스터 중령이 이끄는 제7기병대 병력 210명을 전멸시킨 리틀 빅혼 전투에 대해 들어 보신 적이 없나요?"

"아하! 그 전투라면 저도 잘 알지요. 제가 이래봬도 역사, 특히 미국사에 대해서는 조예가 깊은 편이랍니다. 수 족 대추장 시팅불이 이끄는 용맹스런 인디언 전사들이 자기 부족을 공격하러 온 미군 기병대를 전멸시켜 미국인들을 놀라게 한 사건이지요."

"역시 미국사에 조예가 깊으시다더니 잘 아시네요. 바로 여기가 그 전투가 벌어졌던 현장이에요. 그런데 김 변호사님은 리틀 빅혼 전투에서 가장 혁혁한 전과를 올린 인디언 전사가 누구인지 아시나요?"

리틀 빅혼 전투 장면. 미국-아메리카 원주민 전쟁사에서 가장 유명한 전투입니다.

"아나카오나 추장님! 지금 저한테 미국사 퀴즈를 해 보자는 겁니까? 정답을 말씀드리자면 바로 '미친 말'이라는 뜻의 크레이지 호스 아닙니까?"

"빙고! 자, 그럼 이제 다시 눈을 감고 주문을 함께 해요. 호이, 호이, 앗싸라비아!"

"헉, 이번에는 또 어디지요? 조금 전에 스치듯 보이던 것이 있었는데."

"여기는 바로 수족 인디언들이 신성하게 여기던 사우스다코타주의 블랙 힐스라는 곳이에요. 조금 전 스치듯 보였던 것은 바로 거대한 암석에 미국의 역대 대통령 네 명의 얼굴을 새겨 놓은 러시모어 산이었어요."

"아하, 그랬군요. 그 산의 바위에 새겨진 역대 대통령이 조지 워싱턴, 토머스 제퍼슨, 시어도어 루스벨트, 에이브러햄 링컨이라는 것은 저도 잘 압니다. 그런데 이번에는 왜 블랙 힐스로 자리를 옮겼나요?"

"이곳에도 우리의 슬픈 역사가 서려 있는 곳이기 때문이지요. 조금 전 순간 이동을 하면서 보았듯이 미국인들은 인디언의 성지 근처에 자기들 대통령의 얼굴을 거대하게 새겨 놓고 이를 기념하고 있잖

아요. 그리고 김 변호사도 미국 여기저기를 다녀 봐서 알듯이 콜럼
버스를 기념하기 위한 동상이나 기념탑, 지명, 학교 이름 등을 전국
각지에 세우거나 붙여 주었지요. 하지만 우리 원주민을 기리기 위한
기념물은 거의 없다고 해도 과언이 아니랍니다."

"어, 그런데 저기 멀리 보이는 저 엄청난 바위산에 새기고 있는 것
은 무엇인가요?"

"저것이 바로 크레이지 호스의 기마 조각상이랍니다."

"에이, 저게 어떻게 조각상으로 보이나요? 제 눈에는 그저 채석장
에서 돌을 마구 깎아 놓은 것처럼 보이는데요."

"그러니 슬픈 역사지요. 크레이지 호스의 기마 조각상은 1948년부터 거대한 산을 깎아 암석에 새기고 있는 중인데, 천문학적인 액수의 공사 비용을 연방정부나 주정부로부터 한 푼도 받지 않고 거의 오로지 방문객들의 입장료 수입으로 충당하다 보니 언제 완공될지 기약이 없다고 하네요. 계획된 대로 조각상이 건설되면 폭이 195미터, 높이가 172미터에 달하고, 크레이지 호스의 얼굴상의 크기만도 높이가 27미터나 된다고 해요. 러시모어 산의 대통령 얼굴의 크기가 18미터라고 하니 얼마나 큰 조각상인지 짐작이 가세요? 완성되면 세계에서 가장 큰 조각상이 될 거라고 하네요."

김딴지 변호사는 아나카오나 추장의 설명을 들으며 또다시 깊은 생각에 잠겼다. 역사의 승자들은 언제 어디서나 승자의 후손들에 의해 늘 기념되고 기억되는 데 반해 패자들은 자신들의 땅에서조차 후손들에 의해 기념되기 위해서도 이토록 험난한 과정을 거쳐야 하는 것일까. 김딴지 변호사는 조각이 시작된 지 60년이 넘도록 아직 조각상의 윤곽마저 제대로 잡히지 않은 거대한 바위산 위로 석양이 지는 모습을 바라보며 깊은 한숨을 내쉬었다.

올레! 투우의 나라, 에스파냐

에스파냐의 국기로 모든 시민이 평등
하고 또 다양하다는 의미를 지닙니다.

TV 광고 덕분에 '올레'라는 말을
모르는 친구들은 없겠죠? 올레라
는 말은 사실 에스파냐어로 투우 경
기에서 격려나 찬사를 보낼 때 사용
하는 감탄사랍니다. 에스파냐는 우
리와는 크게 상관없는, 멀리 떨어진
나라인 줄만 알았는데 에스파냐어
가 이토록 자주 쓰인다니 신기하지요? 그렇다면 올레를 외치며 에스
파냐에 대해 한번 알아보겠습니다. 올레!

우리가 흔히 에스파냐라 부르는 나라의 정식 명칭은 사실 에스타도
에스파뇰(Estado Espanol)이며 스페인이라고도 불립니다. 이 에스파냐를
영어로 부르는 명칭이 스페인(Kingdom of Spain)인 것이죠. 에스파냐는
유럽의 서쪽 끝 이베리아반도에 있으며 서쪽에는 포르투갈, 북쪽에는
프랑스와 접하고 있습니다. 에스파냐의 수도는 마드리드이며, 에스파
냐어는 과거 에스파냐의 식민지였던 멕시코를 비롯하여 중앙아메리
카와 남아메리카, 그리고 필리핀 등의 여러 나라에서 사용되기 때문에
중국어, 영어에 이어 세계에서 세 번째로 많이 쓰이는 언어입니다.

에스파냐는 콜럼버스와는 떼려야 뗄 수 없는 사이지요. 왜냐하면 에스파냐가 가장 잘나갔던 때가 콜럼버스가 아메리카 대륙을 발견한 이후이기 때문입니다. 아메리카 대륙 발견 이후 에스파냐는 아메리카 대륙의 많은 부분과 필리핀 등을 지배하며 엄청난

무적함대

양의 황금과 보석을 들여오게 됩니다. 많은 식민지와 금을 갖게 된 에스파냐는 세계에서 가장 강한 나라 중 하나로 떠오르게 되고, 펠리페 2세 때 에스파냐는 최대의 황금기를 맞습니다. 강력한 해군과 절대 가라앉지 않는다는 '무적함대'를 보유하게 되지만 영국과의 전쟁에서 패한 이후 에스파냐는 서서히 최강의 자리에서 물러나게 되지요.

에스파냐 하면 투우와 플라멩코를 빼놓을 수 없겠죠? 먼저 투우는 커다란 경기장 안에서 투우사인 마타도르와 소가 대결을 벌이는 경기입니다. 투우사가 빨간 천을 흔들며 소가 돌진하도록 자극하는데 투우사는 소의 돌진을 아슬아슬하게 피하며 관중들의 마음을 조마조마하게 만들곤 합니다. '아차' 하면 위험할 수 있는 순간을 잘 모면한 투우사에게 관중들은 환호하며 투우장은 정열 그 자체로 흘러넘치게 됩니다. 다만 투우사도 다치기 쉬운 위험한 경기일뿐더러 투우의 마지막은 소의 죽음으로 끝나기 때문에 최근에는 동물 보호 단체 등에서 투우를 반대하는 시위를 벌이기도 했답니다.

투우 장면

플라멩코

　다음으로 설명할 플라멩코는 에스파냐 남부에 살던 집시들에 의해 만들어진 음악과 춤입니다. 손뼉 치는 소리나 구두 소리, 혹은 캐스터네츠와 같은 타악기나 기타로 박자를 맞추며 대개 붉거나 화려한 꽃무늬가 들어간 옷을 입은 무용수가 격정적으로 화려한 춤을 추는 거랍니다. 여자 무용수의 경우 자세는 S자형을 그리며, 팔의 곡선적인 흔듦이 중요시되며, 남자는 꼿꼿이 선 자세가 중요하다고 합니다. 플라멩코는 전통적인 민요와 향토 무용, 그리고 기타 반주 세 가지가 일체가 되어 형성되는 민족 예술로서 '에스파냐의 심장'으로 불리는 춤입니다.

　그 밖에 에스파냐는 세비야 박람회와 산 페르민 축제 등의 여러 도시에서 다양한 축제가 열리며, 오랫동안 이슬람의 영향하에 있었던 역사 덕분에 가톨릭교와 이슬람교의 영향을 받은 건축물을 동시에 볼 수 있는 특징을 가지고 있습니다. 구엘 공원, 사그라다 파밀리아 성당, 람블라 거리 등 다채로운 관광 명소로 많은 관광객이 찾고 있는 나라 중 하나이지요. 이처럼 볼거리, 즐길 거리가 가득한 에스파냐로 한번 떠나 보는 건 어떨까요?

『역사공화국 세계사법정 28 왜 콜럼버스는 신항로를 개척했을까?』
와 관련한 논술 문제를 풀어 봅시다.

※ 다음 제시문을 읽고 물음에 답하시오.

각하! 주님이 이번 항해에서 저에게 내려 주신 눈부신 성공을 각
하께서 기뻐하시리라 믿기 때문에, 저는 저의 군주이시며 그 이름
높으신 국왕과 여왕께서 하사하신 함대로 33일 동안 서인도 제도를
항해한 과정과, 그 과정에서 발견한 수많은 섬에 대해 각하께 보고
하는 바입니다.

특히 저는 아무 방해도 받지 않고, 폐하를 위하여 그곳을 점령하
여 왕의 깃발을 게양하였습니다. 제가 처음으로 발견한 섬은, 이 모
든 일을 놀랍게 성취시켜 주신 신을 기리기 위해 산살바도르(구세주
라는 뜻)라 이름 지었습니다. (……)

후아나섬에 도착하자 저는 그 해안을 따라 서쪽으로 돌아갔는데,
그것이 끝없이 계속되는지라 중국은 틀림없이 내륙에 있는 것으로
믿었습니다. (……)

원주민들은 우리가 원하는 것을 하나도 거절하지 않고 오히려 스
스로 가져다주며 우리에게 호의를 나타냈습니다. 값이 비싸든 싸든
간에 어떤 종류의 물건을 주더라도 그들은 만족하는 것입니다. 저는

부서진 꽃병이나 유리 조각, 낡은 가죽 끈같이 쓸모없는 것을 주지 말라고 명하였지만, 그들은 그러한 것들을 얻고 마치 세상에서 제일 가는 보석을 얻은 것처럼 좋아합니다. 어떤 선원은 벨트 하나를 주고 금을 받았다는 말을 들었습니다.

1. 위의 글은 1493년 콜럼버스가 쓴 편지입니다. 이 편지 내용을 이용해 그 당시 에스파냐의 한 신문기자가 되어 콜럼버스가 신대륙을 발견한 것에 대하여 신문 기사를 써 봅시다.

왜 콜럼버스는 신항로를 개척했을까?

※ 다음 제시문을 읽고 물음에 답하시오.

콜럼버스의 날

크리스토퍼 콜럼버스는 1492년 8월 3일 항해를 시작해 같은 해 10월 12일에 현재의 바하마 제도에 있는 산살바도르섬에 도착함으로써 처음으로 아메리카 대륙에 발을 디뎠다. 미국과 중앙아메리카 일부 국가에서는 이날을 아메리카 대륙을 발견한 날이라 하여 매년 10월 12일을 '콜럼버스의 날'로 정해 기념한다.

특히 미국에서는 10월의 두 번째 월요일을 국경일로 지정해 신대륙 미국의 건국과 번영에 헌신한 이탈리아계 미국인들의 공헌에 감사하고, 이들의 희생을 기리는 행사를 한다.

그러나 베네수엘라를 비롯한 일부 중앙아메리카 국가들은 "콜럼버스가 아메리카 대륙에 상륙한 이래 150년 동안 1억 명에 달하던 원주민들이 300만 명으로 줄어들었는데, 이 모두가 콜럼버스의 아메리카 상륙에서 비롯되었다"고 주장한다. 따라서 "콜럼버스는 인류 역사상 가장 큰 학살을 촉발한 침략자이지 존경할 만한 대상이 아니기 때문에 이날을 '원주민 저항의 날'로 바꾸자"라는 움직임도 일고 있다.

2. 위의 글을 토대로 '콜럼버스의 날'에 대하여 찬성 혹은 반대의 입장에 서서 자신의 생각을 밝혀 봅시다.

왜 콜럼버스는 신항로를 개척했을까?

해답 1 〈콜럼버스, 우리의 조국 에스파냐에 인도를 안겨 주다!〉

콜럼버스가 출항한 지 겨우 한 달 만에 인도를 발견했다고 합니다. 옆 나라 포르투갈이 약 100년에 걸쳐 노력하였지만 아직 못 찾은 인도를 우리는 겨우 33일 만에 해낸 것입니다. 이는 정말이지 주님의 은총이 아닐 수 없습니다. 콜럼버스 또한 주님을 기리기 위하여 처음에 발견한 섬을 산살바도르라고 지었다고 합니다. 콜럼버스는 이번의 인도 발견에 머물지 않고 더 내륙으로 나아가 중국까지 도달할 예정이라고 합니다. 우리는 콜럼버스의 이런 노력 덕분에 인도의 향신료와 중국의 비단을 다른 나라보다 싼 가격에 살 수 있을 것으로 보입니다.

콜럼버스의 인도 발견으로 '인디언'이라는 신조어가 만들어졌는데요, 이 말은 인도에 사는 사람이라는 뜻으로 현재 인도에 살고 있는 원주민들을 지칭하는 말입니다. 이 인디언들은 종교도 제대로 없는 미개인이지만 다행히도 우리 에스파냐 사람들에게 호의적이며 금을 많이 가지고 있을 가능성이 높다고 합니다. 인디언들이 가지고 있는 금을 우리나라로 최대한 많이 가져오는 것이 우리가 앞으로 해결해야 할 과제일 것입니다.

○○○ 기자

해답 2 저는 콜럼버스의 날에 반대합니다. 콜럼버스가 아메리카 대륙을 발견하기 전에 이미 바이킹들과 중국인들이 아메리카 대륙의 존재를 알고 있었으며, 무엇보다도 이미 아메리카 대륙에는 원주민들이 살고 있었는데 어떻게 '발견'이라는 단어를 쓸 수 있겠습니까? 더구나 콜럼버스의 항해 이후 아메리카 원주민들은 그들의 금과 문화, 노동력을 수탈당하였고, 천연두라는 몹쓸 질병 때문에 인구까지 급감하였으니 콜럼버스는 발견자가 아닌 '침략자'라고 불러 마땅하다고 생각합니다. 이런 콜럼버스를 사람들은 존경하고 추앙하며 그를 위한 날까지 만든다는 것은 있을 수 없는 일이라고 생각합니다. 저는 '콜럼버스의 날' 대신에 '원주민 저항의 날'을 기리는 것이 더 타당하다고 생각합니다.

* 해답은 예시로 제시된 내용입니다.

왜 콜럼버스는 신항로를 개척했을까?

역사공화국 세계사법정 28

왜 콜럼버스는 신항로를 개척했을까?

ⓒ 손세호, 2013

초판 1쇄 발행일 2013년 4월 17일
초판 8쇄 발행일 2024년 8월 30일

지은이   손세호
그린이   조환철
펴낸이   정은영

펴낸곳   (주)자음과모음
출판등록   2001년 11월 28일 제2001-000259호
주소   10881 경기도 파주시 회동길 325-20
전화   편집부 (02) 324-2347 경영지원부 (02) 325-6047
팩스   편집부 (02) 324-2348 경영지원부 (02) 2648-1311
이메일   jamoteen@jamobook.com

ISBN 978-89-544-2428-8 (44900)

과학자가 들려주는 과학 이야기 (전 130권)

위대한 과학자들이 한국에 착륙했다!
어려운 이론이 쏙쏙 이해되는 신기한 과학수업,
〈과학자가 들려주는 과학 이야기〉 개정판과 신간 출시!

〈과학자가 들려주는 과학 이야기〉 시리즈는 어렵게만 느껴졌던 위대한 과학 이론을 최고의 과학자를
통해 쉽게 배울 수 있도록 했다. 또한 지적 호기심을 자극하는 흥미로운 실험과 이를 설명하는 이론들
을 초등학교, 중학교 학생들의 눈높이에 맞춰 알기 쉽게 설명한 과학 이야기책이다.
특히 추가로 구성한 101~130권에는 청소년들이 좋아하는 동물 행동, 공룡, 식물, 인체 이야기와 최신
이론인 나노 기술, 뇌 과학 이야기 등을 넣어 교육 과정에서 배우고 있는 과학 분야뿐 아니라 최근의 과
학 이론에 이르기까지 두루 배울 수 있도록 구성되어 있다.

★ 개정신판 이런 점이 달라졌다! ★

첫째, 기존의 책을 다시 한 번 재정리하여 독자들이 더 쉽게 이해할 수 있게 만들었다.
둘째, 각 수업마다 '만화로 본문 보기'를 두어 각 수업에서 배운 내용을 한 번 더 쉽게 정리하였다.
셋째, 꼭 알아야 할 어려운 용어는 '과학자의 비밀노트'에서 보충 설명하여 독자들의 이해를 도왔다.
넷째, '과학자 소개 · 과학 연대표 · 체크, 핵심과학 · 이슈, 현대 과학 · 찾아보기'로 구성된 부록을 제공하여
　　　본문 주제와 관련한 다양한 지식을 습득할 수 있도록 하였다.
다섯째, 더욱 세련된 디자인과 일러스트로 독자들이 읽기 편하도록 만들었다.

수학자가 들려주는 수학 이야기 (전 88권)

국내 최초 아이들 눈높이에 맞춘 88권짜리 이야기 수학 시리즈!
수학자라는 거인의 어깨 위에서 보다 멀리, 보다 넓게
바라보는 수학의 세계!

수학은 모든 과학의 기본 언어이면서도 수학을 마주하면 어렵다는 생각이 들고 복잡한 공식을 보면 머리까지 지끈지끈 아파온다. 사회적으로 수학의 중요성이 점점 강조되고 있는 시점이지만 수학만을 단독으로, 세부적으로 다룬 시리즈는 그동안 없었다. 그러나 사회에 적응하려면 반드시 깨우쳐야만 하는 수학을 좀 더 재미있고 부담 없이 배울 수 있도록 기획된 도서가 바로 〈수학자가 들려주는 수학 이야기〉 시리즈이다.

★ 무조건적인 공식 암기, 단순한 계산은 이제 가라!★

- 〈수학자가 들려주는 수학이야기〉는 수학자들이 자신들의 수학 이론과, 그에 대한 역사적인 배경, 재미있는 에피소드 등을 전해 준다.
- 교실 안에서뿐만 아니라 교실 밖에서도, 배우고 체험할 수 있는 생활 속 수학을 발견할 수 있다.
- 책 속에서 위대한 수학자들을 직접 만나면서, 수학자와 수학 이론을 좀 더 가깝고 친근하게 느낄 수 있다.

철학자가 들려주는 철학 이야기 (전 100권)

아이들의 눈높이에 맞춘 철학 동화!
책 읽는 재미와 철학 공부를 자연스럽게 연결한 놀라운 구성!

대부분의 독자들이 어렵게 느끼는 철학을 동화 형식을 이용해 읽기 쉽게 접근한 책이다. 우리의
삶과 세상, 인간관계에 대해 어려서부터 진지하게 느끼고 고민할 수 있도록, 해당 철학 사조와 철
학자들의 사상을 최대한 풀어 썼다.

이 시리즈의 가장 큰 장점은 내용과 형식의 조화로, 아이들이 흔히 겪을 수 있는 일상사를 철학 이
론으로 해석하고 재미있는 이야기로 담은 것이다. 또한 아이들의 눈높이에 맞는 쉽고 명쾌한 해
설인 '철학 돋보기'를 덧붙였으며, 각 권마다 줄거리나 철학자의 사상을 상징적으로 표현한 삽화
로 읽는 재미를 더한다. 철학 동화를 이끌어가는 주인공을 형상화하고 내용의 포인트를 상징적으
로 표현한 삽화는 아이들의 눈을 즐겁게 만들어준다. 무엇보다 이 시리즈는 철학이 우리 생활 한
가운데 들어와 있고, 일상이 곧 철학이라는 사실을 잘 보여준다. 무엇보다 자기 자신을 극복한다
는 것, 인간을 사랑한다는 것, 진정한 인간이 된다는 것, 현실과 자기 자신을 긍정한다는 것 등의
의미를 아이들의 시선에서 풀어내고 있다.